中华人民共和国海船船员知识

海船船员专业培训合格证书知识更新

（第二版）

中国海事服务中心组织编写

大连海事大学出版社
DALIAN MARITIME UNIVERSITY PRESS

ⓒ 戚发勇　代俊林　金奎光　2025

图书在版编目(CIP)数据

海船船员专业培训合格证书知识更新／戚发勇，代
俊林，金奎光主编. — 2 版. — 大连：大连海事大学出
版社，2025. 5. — ISBN 978-7-5632-4684-7

Ⅰ. U676.2

中国国家版本馆 CIP 数据核字第 2025X2D830 号

大连海事大学出版社出版

地址：大连市黄浦路523号　邮编：116026　电话：0411-84729665(营销部)　84729480(总编室)

http://press.dlmu.edu.cn　E-mail:dmupress@dlmu.edu.cn

大连天骄彩色印刷有限公司印装　　　　　　大连海事大学出版社发行

2025 年 5 月第 1 版　　　　　　　　　　2025 年 5 月第 1 次印刷

幅面尺寸：184 mm×260 mm　　　　　　　　　　　　　印张：11

字数：260 千　　　　　　　　　　　　　　　印数：1~5000 册

出版人：刘明凯

策　　划：李明阳

责任编辑：杨　洋　　　　　　　　　　　　责任校对：孙笑鸣

封面设计：解瑶瑶　　　　　　　　　　　　版式设计：解瑶瑶

ISBN 978-7-5632-4684-7　　　　　定价：35.00 元

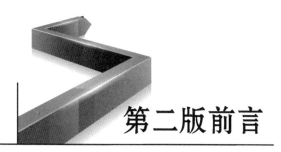

第二版前言

　　海洋运输承载着90%以上的国际货物运输,在世界经济格局中发挥着举足轻重的作用。海船船员是全球航运的核心,其专业素养与适任能力直接决定着全球海上物流链的安全畅通与运营效能。在智能船舶技术日新月异、新能源装备迭代升级、自动化系统深度应用的当代航运变革中,航运业对海船船员的知识架构、技术应用与应急处置能力提出了前所未有的高标准。

　　海船船员知识更新是保障海上安全和航运效率的关键措施。随着航海技术的革新、国际公约的修订及环保法规的升级,船员需及时掌握新规范与操作标准。为保障海船船员的适任能力得以持续保持,交通运输部海事局于2024年10月18日发布了《交通运输部海事局关于海船船员适任证书及培训合格证书再有效有关事项的通知》(海船员〔2024〕143号),对海船船员适任证书及培训合格证书的再有效性进行了相应的调整,并对适任证书和培训合格证书的知识更新培训大纲进行了修订,同时新增了部分培训合格证项目的知识更新培训大纲。

　　为了更好地指导培训工作,突出培训重点,增强培训效果和质量,保障海船船员证书再有效工作的顺利开展,中国海事服务中心邀请教学和培训经验丰富的专家按照新版知识更新培训大纲,重新编写了部分知识更新培训教材,并组织实践经验丰富的海事管理机构专家和航运企业船长、轮机长对教材进行了审定。教材编写力求概念清楚、理论正确、重点突出、条理清晰、知识全面,注重理论和实践相结合。本套书可以作为海船船员参加证书再有效培训的参考教材,也可作为我国船员教育和培训机构、海事管理机构、航运企业、船员及相关管理人员的参考资料。

　　本系列再版教材共三本,包括《海船船员适任证书知识更新(船长、驾驶员)》《海船船员适任证书知识更新(轮机长、轮机员、电子电气员)》《海船船员专业培训合格证书知识更新》。

《海船船员专业培训合格证书知识更新》包括个人求生技能、防火与灭火、精通救生艇筏和救助艇、精通快速救助艇、高级消防共五章。在编写过程中，编者紧密围绕《交通运输部海事局关于海船船员适任证书及培训合格证书再有效有关事项的通知》中培训合格证书知识更新培训大纲的要求，全面梳理了相关国际公约和规则及历次修正案，以及相关国内法规和标准，对教材进行了全面的校订和修改，确保了教材的适用性、准确性和权威性。

　　《海船船员专业培训合格证书知识更新》由大连海事大学教师戚发勇、代俊林、金奎光主编。其中个人求生技能与精通救生艇筏和救助艇部分主要由戚发勇、金奎光编写；精通快速救助艇部分主要由刘锦程编写；防火与灭火和高级消防部分主要由戚发勇、代俊林和乔志编写；李跃、邹熙康、姜桓、王玮祺、倪成丽参与了本书的编写工作。全书由戚发勇最后统稿。

　　本系列新编教材在编写过程中得到了各海事管理机构、航运院校、船员培训机构、航运企业以及相关单位的关心和大力支持，特致谢意！由于时间仓促，书中难免存在错误和疏漏，欢迎广大读者和专家批评指正。

中国海事服务中心

2025 年 3 月

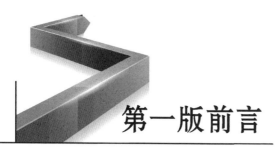

第一版前言

为全面、有效和充分地履行《STCW 公约马尼拉修正案》,保障海船船员适任证书及培训合格证书再有效工作的顺利开展,依据《中华人民共和国海船船员适任考试和发证规则》(简称《11 规则》)和《中华人民共和国海船船员培训合格证签发管理办法》(简称《合格证办法》)等相关规定,2016 年 12 月 19 日交通运输部海事局发布《交通运输部海事局关于中华人民共和国海船船员适任证书及培训合格证书再有效有关事宜的通知》(海船员〔2016〕685 号,以下简称《再有效通知》),就《STCW 公约马尼拉修正案》履约过渡期结束后,海船船员适任证书、培训合格证书的再有效做出了相应安排。《再有效通知》还对适任证书和培训合格证书知识更新培训大纲以及适任证书失效或者没有足够有效服务资历者再有效所需的模拟器培训大纲进行了明确。

为了更好地指导培训工作,突出培训重点,提高培训效果和质量,保障海船船员培训合格证书再有效工作的顺利开展,中国海事服务中心组织教学和培训经验丰富的专家编写了"中华人民共和国海船船员知识更新培训教材",并组织实践经验丰富的海事管理机构专家和船公司的指导船长、轮机长对教材进行了审定。教材编写过程紧密围绕《再有效通知》中知识更新培训大纲的要求,编写过程力求概念清楚、理论正确、重点突出、条理清晰、知识点全面,注重理论和实践相结合。本套书可以作为海船船员参加培训合格证再有效培训的参考教材,也可作为我国船员教育和培训机构、海事管理机构、航运企业、船舶、船员及相关管理人员的参考资料。

本系列教材共 8 本,包括《海船船员适任证书知识更新(船长、驾驶员)》《海船船员适任证书知识更新(轮机长、轮机员、电子电气员)》《海船船员专业培训合格证书知识更新》《客船船员特殊培训知识更新》《高速船特殊培训知识更新》《油船货物操作高级培训知识更新》《化学品船货物操作高级培训知识更新》《液化气船货物操作高级培训知识更新》。

本书包括培训课程介绍、基本安全培训合格证、精通救生艇筏和救助艇培训合格证、精通快速救助艇培训合格证、高级消防培训合格证及船舶保安员培训合格证六个部分。其中基本安全培训合格证培训包括"个人求生技能"、"防火与灭火"及"个人安全与社会责任"三个部分。培训课程介绍仅供普通船员培训使用,"个人安全与社会责任"和"船舶保安员培训合格证"部分仅适用于持有非《11规则》培训合格证换发《11规则》培训合格证的船员使用。

本书由戚发勇、陈秋妹主编,由山东海事局赵晗主审。其中培训课程介绍部分由大连海事大学戚发勇负责编写,个人安全与社会责任部分由大连海事大学谷春国负责编写,个人求生技能及精通救生艇筏和救助艇部分由大连海事大学单浩明负责编写,精通快速救助艇部分由大连海事大学刘锦程负责编写,防火与灭火及高级消防部分由大连海事大学宫玉广负责编写,船舶保安培训合格证部分由青岛远洋船员职业学院陈秋妹负责编写。全书由戚发勇最后统稿。

本系列教材在编写过程中得到了各海事机构、航运院校、船员培训机构、航运企业以及相关单位的关心和大力支持,特致谢意!由于时间仓促,书中难免存在错误和疏漏,欢迎广大读者和专家批评指正。

中国海事服务中心

2017 年 3 月

目 录

第一章

个人求生技能

第一节 穿着救生衣和救生服

一、穿着救生衣

（一）救生衣的作用及种类

救生衣是船上必备的个人救生设备。它穿着方便，具有足够的浮力和稳性，可以使包括处于昏迷状态、面部朝下的人员在内的穿着者在水中自动浮于安全状态，并使穿着者保持嘴部高出水面一定高度而不致呛水。船用救生衣按浮力材料主要分为固体浮力式材料救生衣（见图1-1-1）和气胀式救生衣（见图1-1-2）；按结构形式主要分为背心式救生衣（见图1-1-3）和套头式救生衣（见图1-1-4）。

图 1-1-1　固体浮力式材料救生衣　　　　图 1-1-2　气胀式救生衣

船舶配备的工作救生衣不能替代船用救生衣，船用救生衣适用于船舶乘员救生用，而工作救生衣不配备救生衣灯、提环和伙伴绳，且外观明显标注"工作衣"，适用于船员从事有落水危险工作（如舷外作业、绑扎作业）时使用。

伙伴绳（buddy line）是在救生衣上设置的可释放的浮索或其他装置，可以将救生衣固定在另一名落水人员所穿的救生衣或其他目标上，以保持落水位置并方便营救。提环(lifting loop)是在救生衣上设置的方便救援人员将穿着救生衣的落水人员提拉出水至救生艇筏或救助艇内的装置。

图 1-1-3　背心式救生衣

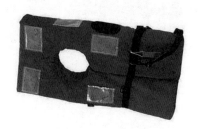

图 1-1-4　套头式救生衣

（二）救生衣配备

1.救生衣配备

（1）为船上每人配备 1 件救生衣。

（2）为驾驶室、机舱控制室、任何其他有人值班的地方和设置在远处的救生艇筏站配备足够数量的救生衣(设置在远处的救生艇筏是指从船首最前端或船尾最末端至最靠近的救生艇筏最近一端的水平距离超过 100 m 的船舶，在船首或船尾额外配备的救生艇筏)。

（3）客船上还配备适合儿童穿着的救生衣，其数量至少为船上乘客总数的 10%，或满足为每个儿童配备 1 件救生衣。

（4）每艘客船应附加配备不少于船上人员总数 5% 的救生衣，并将这些救生衣存放在甲板上或集合站显而易见的地方。

（5）航程少于 24 h 的客船还应至少配备船上乘客总数 2.5% 的婴儿救生衣；而航程超过 24 h 的客船，则应为在船的每个婴儿配备 1 件救生衣。

（6）如果提供的成人救生衣不适合体重达 140 kg、胸围达 1 750 mm 的人员穿着，船上应配备足够数量的合适的辅助设备，以使其可系固在这些人员身上。

2.属具配备

（1）每件救生衣应备有用细绳系牢的哨笛［见图 1-1-5(a)］。

（2）救生衣灯灯光的颜色为白色，光强不小于 0.75 cd，能持续使用至少 8 h［见图 1-1-5(b)］。

(a)哨笛

(b)救生衣灯

图 1-1-5　救生衣属具

（三）穿着固体浮力材料救生衣

这里以套头式固体浮力材料救生衣为例介绍穿着方法。

1.在应急时,应先穿上较厚的衣服,再穿救生衣。

2.在穿着固体浮力材料救生衣前,应先检查浮力块、领口带、腰带及属具等,不能有损坏或缺失[见图1-1-6(a)]。

3.将救生衣从头上套入,调整各浮力块以保证穿着舒适[见图1-1-6(b)]。

4.将腰带从腰部绕过来,连接腰部连接卡扣并适当调整松紧度,使救生衣紧紧贴住身体[见图1-1-6(c)~图1-1-6(f)]。

5.连接颈部连接卡扣并适当调整松紧度[见图1-1-6(g)、图1-1-6(h)]。

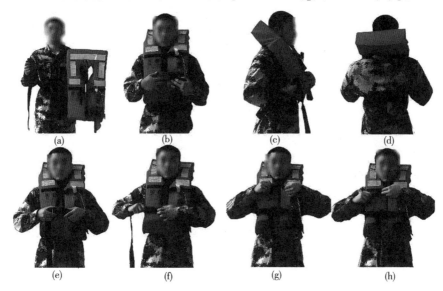

图 1-1-6　固体浮力材料救生衣穿着示意图

（四）穿着气胀式救生衣

气胀式救生衣是利用救生衣内的充气室提供浮力的。气胀式救生衣应由不少于2个独立充气室提供浮力,当任何一个充气室失去浮力时,另一个充气室的浮力仍能使穿着者处于安全漂浮状态。这种救生衣浸水后应有不少于2个独立充气室可自动充气,同时应设有手动充气装置,并能用嘴为每个充气室充气。气胀式救生衣穿着示意如图1-1-7所示。

1.在应急时,应先穿上较厚的衣服,再穿救生衣。

2.在穿着气胀式救生衣前,应先检查气嘴和通气管、胸带、腰带、胯带等,保证完整无损。

3.先像穿衣服一样穿上救生衣。

4.然后连接腰部连接卡扣,再将腰带调节至松紧适度,使救生衣贴住身体。

5.前胸有连接卡扣的也要连接好。

6.在正确穿戴下遇紧急情况时,应在下水前手动充气。

4524687976324687..

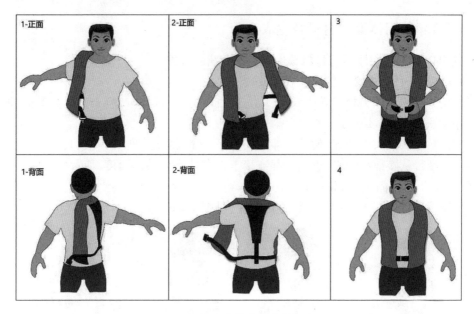

图 1-1-7　气胀式救生衣穿着示意图

根据要求,气胀式救生衣应同时具有 3 种充气方法:

（1）手动充气

手动充气时,用手拉动机械充气装置的拉索,钢瓶口处的密封膜片被刺破,瓶内的二氧化碳气体会自动迅速充满气室。

（2）自动充气

如果入水前没有手动充气,人员穿着气胀式救生衣入水后救生衣会自动充气。气胀式救生衣自动充气装置主要有 3 种启动方式:以能溶于水的片剂传感启动;以水压启动阀传感启动;国外较为流行的是利用海水电池传感启动。救生衣落入海水后,自动充气装置动作,产生推力,刺破膜片,放出二氧化碳气体使气室充气成型,保证穿着者在水中处于安全状态。

（3）口吹充气

若充气钢瓶未充气,或在水中时间过长导致救生衣气室内气体不足,可用嘴吹气管充气。气胀式救生衣胸前有 2 套胶管和口吹阀分别与左、右 2 个气室相通,供充气使用。充气时,应用牙齿将气嘴向下顶紧,并用力向气室里吹气。待气室充满后,停止吹气,口吹阀会自动关闭气室。在水中使用此法给救生衣充气时,应特别注意要左右交替充气,避免一次将其中一个气室直接充满。

（五）穿着救生衣注意事项

1.要注意救生衣是否能正反 2 面使用,有的救生衣皆可正反 2 面使用,且救生性能一样;有的救生衣仅能单面使用,反面穿达不到正面穿着的效果。例如仅在一面配置了反光膜的救生衣,若将此面穿在里面,反光膜就发挥不了作用。

2.无论穿着哪种救生衣,最后必须确认将腰带、胸带等紧固件扣牢。若未扣牢,在跳水时受水的冲击救生衣可能会掉落,或在水中漂浮较长时间后滑脱。

3.穿着气胀式救生衣应避免接触尖锐物体,以防止救生衣破损。

二、穿着救生服和抗暴露服

(一)救生服和抗暴露服的作用

救生服(immersion suit)是指能够减少冷水中的穿着者体热损耗的保护服,也有人将救生服称作浸水服(见图1-1-8)。多数的救生服是借助于不透水和保温材料使穿着者保持内部衣服干燥,同时全身封闭与外界不产生对流,形成良好的保温层,对除了脸部以外的全身提供保护(手部可以用永久性附连在救生服的单独的手套来遮盖),从而减少冷水中的穿着者体热损耗,延长生存时间,为海上救助人员提供了搜寻和营救的时间,增加了获救机会。

救生服胸前配有水密拉链,便于穿着者快速穿上。为了使穿着者能执行一定的工作任务,它配备了连衣手套和带有防滑装置的连裤靴鞋;为防止空气在救生服内流动散失热量,在救生服裤腿两侧加装了限流拉链。救生服各部位名称如图1-1-9所示。

图1-1-8　救生服

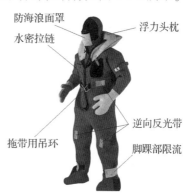

防海浪面罩
水密拉链
浮力头枕
逆向反光带
拖带用吊环
脚踝部限流

图1-1-9　救生服各部位名称

抗暴露服(anti-exposure suit)是供救助艇成员和海上撤离系统人员使用的保护服(见图1-1-10)。抗暴露服的外观结构和救生服相似,一般采用闭孔泡沫材料作为保温材料,能对全身提供保护,如果主管机关许可,脚部可以除外;手和头部可以由永久性附连的单独的手套和头罩遮盖(见图1-1-11)。抗暴露服保温性能不如救生服,但活动性能较好,有利于穿着者进行救助作业。抗暴露服主要适用于中等天气下的作业,在风和浪等外部环境下,为穿着者提供保护。

图1-1-10　抗暴露服

图1-1-11　永久性附连的单独的手套和头罩

（二）救生服和抗暴露服的配备

除根据规定不必配备外：

1.货船上每人配备1件救生服，如果船上有值班人员或工作地点远离通常存放救生服的处所（包括设置在远处的救生艇筏），则为这些值班工作人员每人增配1件救生服。

2.客船上每艘救生艇配备至少3件救生服。

3.救助艇或海上撤离系统工作人员每人配备1件救生服或抗暴露服。

（三）救生服和抗暴露服的穿着和使用

这里介绍救生服穿着方法（见图1-1-12）。救生服穿着方法与抗暴露服穿着方法基本相同。

1.穿救生服之前应穿着适当的保暖衣服。

2.取出救生服，打开胸前的水密拉链，松开腿部的限流拉链。

3.坐在甲板上，先穿下身，并将腿部的限流拉链收紧。

4.再穿上身，并将帽子戴好。

5.将水密拉链拉至脸部，扣好胸前的连接卡扣。

6.下水前将脸部密封拉链边拉至下颌，根据产品需要，救生服外面加穿1件救生衣。

图1-1-12　救生服穿着方法

（四）救生服和抗暴露服的穿着注意事项

1.一般情况下不应穿着救生服进入全封闭式救生艇，在全封闭救生艇内穿着救生服可能带来体温过热和脱水风险。

2.救生服自带排除或减少裤腿内进入空气的设施，而且可以防止人员从不低于4.5 m的高度跳入水中后，不致有过多的水进入救生服；而抗暴露服不具备这一功能。救生服的保温效果比抗暴露服好，可以为船员提供更多的保护。

3.穿着抗暴露服者可在水中游泳25 m以上，而穿着救生服者只能进行短距离游泳。抗暴露服能提供至少70 N的固有浮力，其制作材料能减少救助和撤离时产生热应力的危险，抗暴露服配备1只装可携式甚高频电话的口袋，且具有至少120°的侧向视野；而救生服没有上述功能。由此可见，抗暴露服更侧重于海上救助和撤离，这些功能为穿着抗暴露服的救助艇艇员和海上撤离系统人员顺利实施救助提供了保障。

4.有的救生服不能为穿着者提供足够的浮力,没有配备哨笛和自亮灯,这时必须连同救生衣一起穿着,并且救生衣应穿在救生服外面(见图1-1-13)。

5.具有浮力且不需加穿救生衣的救生服按要求会配备伙伴绳和吊环。

6.非自然保温材料制成的救生服和抗暴露服应与保暖衣服一起穿着。

7.穿着救生服在水中漂浮时头部应略微后仰(见图1-1-14),采用口吸鼻呼的呼吸方式。

图 1-1-13　救生服外面加穿一件救生衣

图 1-1-14　穿着救生服在水中漂浮

第二节 跳水

一、跳水的时机

弃船命令发布后,求生者应加穿适当的衣服,穿妥救生衣,戴上帽子和手套,收集必需品,尽快到达集合地点,准备离开难船。如果可能,求生者应尽量避免与海水接触,保持"干身"离开难船。但求生者如果不能直接登上救生艇筏,就只能先跳入水中,然后游泳登上附近海面上的救生艇筏。

二、跳水的位置

1.选择船舶的上风舷跳水。在风和水流的作用下,船舶漂移速度可以超过人员游泳的速度,因此,在下风舷跳水可能会被压到快速漂移的船体下。

2.选择低处跳水。最好选择高度不超过 5 m 处跳水。在高度超过 10 m 处跳水时,求生者容易受伤,这主要取决于跳水高度和身体入水角度。

三、从某一高度安全跳入水中

（一）跳水前注意事项

1.确认已经穿好救生衣。如果没有正确扣好救生衣的连接卡扣,跳水者跳水时就可能使头面部受伤。

2.如果救生衣是自动充气式的,则应在离开船舱后、下水前手动充气。

3.跳水者应摘下假牙、眼镜,扔掉口袋内的尖锐物品。

4.跳水者尽可能不要直接自高处跳向救生浮具,避免人身受到伤害和损坏救生浮具。

5.跳水者避免从固定于船上的救生筏的筏尾方向跳入水中,因为这时船舶可能会有余速继续向前运动。

6.如果船体已经损坏,跳水者在跳水时应尽量避开船体破损部位和水面的漂浮物或其他落水者。

（二）跳水方法

1.跳水者在船舶甲板边缘站好。

2.跳水者深吸一口气,用左(右)手捂住鼻子和嘴,注意入水前不要松开护在口鼻上的手,防止呛水。

3.跳水者右(左)手抓牢左(右)手的肘部或者腕部。

4.跳水者保持双肘紧贴身体。

5.跳水者保持两眼平视,不要向下看,否则会造成身体前倾。

6.跳水者向前迈开一大步,后面腿随即跟上,双腿并拢夹紧,保持头在上、脚在下,垂直入水。始终保持上述姿势,直至身体浮出水面后才能松开双手(见图1-2-1)。

准备:捂紧口鼻,紧握救生衣

入水后:尽快游离

跳水:双腿并拢,身体垂直,两眼平视

图 1-2-1 从高处跳水步骤

(三)跳入水中后的注意事项

1.跳水者有时因身体重量失衡,可能导致在水下呈字母"J"形。一旦身体停止下沉,就会发觉脚与海面平行或者双脚几乎位于头部上方,这时应立即停止各种动作,利用身体的自然浮力将身体恢复至接近正浮姿态。

2.水中漂浮的船舶残骸会带来危险,因此,在身体向上浮出水面之前,应先将一只手臂向上伸出水面(手握成拳形),探知障碍物。若触碰到残骸,应将它推开或者移至其他地方浮出水面。

3.浮出水面后应尽快离开难船一定距离。

(1)船上的各类设备和碎片可能自船舶甲板滑下或散落在船舶周围。

(2)如果跳水者落到其他已经在水中待救人员的上面,就可能出现会造成更大危险。

(3)难船下沉产生的吸附作用会把附近的漂浮人员带入水中。

4.离开难船后尽快登乘救生艇筏或漂浮物。

5.不要做剧烈的活动,因为这样一方面会导致体热散失;另一方面会消耗体力,这将影响求生者自水中顺利登上救生艇筏。

6.在水中等待救助时,必须使用救生衣并保持面部向上的正确漂浮姿势。

第三节 水中游泳与漂浮

一、穿着救生衣水面待救

求生者在冷水中不要尝试游泳，除非为了接近其他幸存者、附近的海岸、救生艇筏或者其他能抓住或者爬上的漂浮物。这时最好的选择是保持静止并保存体力。如果要游泳，尽可能仅用双腿进行仰泳，因为活动手臂会加快体力流失。求生者可以用手臂抱住躯干以防止冷水浸湿身体。

（一）游泳的方法

在游泳过程中，求生者应采取鼻呼口吸的方式，避免换气时呛水，同时应注意控制好呼吸节奏。穿着救生衣或救生服游泳时，由于救生衣或救生服会产生很大的阻力，因此，应采用正确的游泳方式。下面介绍几种穿着救生衣或救生服游泳的方式。

1.单人游泳

身体向后躺，保持放松；双腿并拢并使膝盖收向腹部，这样会增加嘴部距水面的距离；伸展双臂至耳朵两侧，像桨一样从身体两侧向前划水，使身体向后移动（见图 1-3-1）。

图 1-3-1　单人游泳

注意，用手臂划水会使身体热量散失更快，因此，也可以在上述动作的基础上，夹紧双臂，并只用双腿游泳（见图 1-3-2）。采取这种游泳方式能够在一定程度上保存体力，但是，游泳速度会变慢。

图 1-3-2　只用双腿游泳

2.拖带伤员

在游泳过程中,如有伤员需要拖带,可采用如下方法:把伤员拉向自己的胸前,用双腿夹住伤员的腰部,伸展双臂至耳朵两侧,像桨一样从身体两侧向前划水,向目标方向游进(见图1-3-3)。

图1-3-3　单人拖带伤员

如果是两人救助一名伤员,则可以分别位于被救助者两侧,采取侧泳的方式救助(见图1-3-4)。

图1-3-4　双人拖带伤员

3.双人游泳

两名求生者以拖带伤员的方式连接,两人用双臂一起划水,向目标方向游进(见图1-3-5)。

图1-3-5　双人游泳

4.集体游泳

以拖带伤员的方式,所有求生者连成一队,一起用双手划水,向着目标方向游进。

注意,当队伍较大时,如果游泳动作不一致,可能导致整个队伍忽左忽右,像蛇一样前进,降低游泳效率。因此,为了提高游泳效率,队伍的最后一人应面对着整个队伍,并与队伍连接(由队伍逆向第二人夹住队伍最后一人的腰部)。此人用于指引队伍前进的方向并对整个队的游泳动作进行指挥,如:对整个队伍划水使用口令"上、下、划水"来控制整个队伍的游泳速度,使用口令"左手划水、右手划水"来控制队伍前进的方向(见图1-3-6)。

图1-3-6　集体游泳

（二）防止肌肉痉挛

长时间在低温水中连续不断地游泳,最容易引起痉挛,俗称抽筋。最易发生痉挛的部位是脚背和小腿。出现这种情况,不仅会妨碍求生者继续游泳,而且会引起求生者因恐惧而危及生命安全。为了避免出现这种情况,求生者应注意使肌肉放松和不断地变换游泳姿势。一旦出现肌肉痉挛,必须大声呼救,设法得到其他人的帮助。如果周围没有人,一旦出现肌肉痉挛,千万不要惊慌,这时可先深吸一口气,再将头向前弯入水中,四肢放松下垂,慢慢用力按摩痉挛部位(见图1-3-7)。

图1-3-7　痉挛的应急处理

如果上述方法不能奏效,应再深吸气,在水中弯腰,用双手握紧大脚趾,伸直两腿,同时双手用力向胸前拉。无论肌肉痉挛发生在什么部位,都应及时采取拉长肌肉的方法进行自救。

如一次不见效,可反复多次拉伸,再严重的痉挛也会得到缓解。肌肉松弛后,应休息一段时间,并改换另一种游泳姿势,才能继续游下去。

（三）漂浮待救

求生者游离难船危险区域后,如果没能登上附近的救生艇筏或获救,最好不要游泳,这样不仅会消耗体力,低温水中也会加快体温散失,最好的办法是漂浮待救,以保持体力与体温。如果水面有更多的求生者,那么,水中求生者应主动集结。集结不但可以有利于保存体温,还可以增大目标,增加获救的机会,也能提供更好的视野,相互鼓励,增加求生的信心。下面是几种低温水中的漂浮姿势。

1.HELP 姿势漂浮

HELP 姿势(Heat Escape Lessening Posture:减少热量散失的姿势)适合单人水面漂浮,可以减少体力消耗,保存体温。求生者两腿弯曲并拢,两肘紧贴身旁,两臂夹紧,两手抱在救生衣前面,这个姿势可以保护身体的 3 个主要散热区域(腹股沟、头颈部、胸腔和腋窝)(见图 1-3-8)。漂浮时,我们的腿就像是锚,会使身体朝向浪来的方向,如果需要,应轻轻划水,使自己保持背对着海浪的方向漂浮。尽管这个姿势会增加热量的损失,但可以保护我们的呼吸道免受呛水。

2.HUDDLE 姿势漂浮

如果有其他求生者,所有求生者可以尽量抱成一团,身体尽量接触。采用 HUDDLE 姿势(见图 1-3-9),这个姿势保持体热的效果可能不如 HELP 姿势,但是求生者集结在一起有助于提高信心。此外,在大面积水域中,群体比个人更容易被救援人员发现。如果求生者分散开来,救援人员可能无法找到所有人。

图 1-3-8　HELP 姿势漂浮　　　　图 1-3-9　HUDDLE 姿势漂浮

3.旋转木马式水面集结

旋转木马式水面集结是所有求生者以手肘相连接,围成一个圈,双腿伸向圆圈中心,膝盖尽可能靠近胸部。当海面有风浪时,尽量用一只手护住自己的口鼻(见图 1-3-10)。

图 1-3-10　旋转木马式水面集结

4.地毯式水面集结

将水中的求生者分成两组，每组求生者都以肘部相连接，双腿伸向另一组。两组求生者分别抓住对面求生者的双脚，拉向自己并置于身体两侧。如有风浪，应尽量用一只手护住自己的口鼻。当有人遭受低体温症的影响时，可将此人置于两组求生者形成的平台上，减轻低温对其的影响(见图1-3-11)。

图1-3-11　地毯式水面集结

二、未穿救生衣水面漂浮

落水而未穿救生衣的落水者，处境是非常危险的，其面临的首要问题是溺水。

(一)尽快登上附近的救生艇筏

落水者应选择合适的泳姿尽快游离危险区域，及时登上附近救生艇筏。

(二)尽快寻找合适的漂浮物

如果周围没有救生艇筏，落水者应尽快捞获并利用较安全可靠的、可用作救生浮具的漂浮物，在水中保持漂浮，等待救援。

(三)自制临时浮具

1.如无合适浮具，可利用衣裤自制临时浮具。落水者在水中切勿将衣服抛弃，因为衣服既可以作浮具，穿着衣服还可抗御寒冷和烈日，并且便于让救援者提拉衣服实施救援。

2.用裤子作为临时浮具比较实用，我们可以将两裤管扎紧，扣好纽扣或拉上拉链，倒持裤腰迎风张开，待两裤管涨满水后，即扎紧裤腰，便可做成一个良好的马鞍形浮具[见图1-3-12(a)]。

3.也可以将两裤管扎紧，扣好纽扣或拉上拉链后，一只手持裤腰在水中，另一只手手掌微弓，形成"空掌心"，手心向下用力拍打水面，把手心的气体快速送到裤管中，一会儿裤管就会充满气体[见图1-3-12(b)]。

4.但要注意：在暖水中，可以尝试将裤子作为临时漂浮用具，但在冷水中若将头浸入水下脱下裤子,利用裤子作为漂浮用具,会消耗热量和体力,产生不利影响。

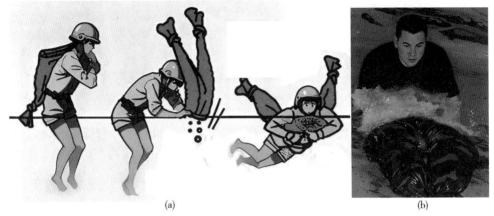

图 1-3-12 裤子改作临时浮具的方法

(四)采取仰泳姿势

如果落水者暂时不能被发现,应尽量采取仰浮的姿势(见图 1-3-13)。海水的密度约为 1.025 g/cm^2,人体的密度接近 1.0 g/cm^2,所以人体易于漂浮在海面上,其自身具备的浮力至少能让头的顶部露出水面,但需要做某些动作,才能让脸部露出水面;一是通过挺起腹部,伸展四肢,即可仰浮在水面;二是通过控制呼吸,可以保持脸部始终露出水面。采用这两种姿势漂浮,尽管部分头部浸在水中,但可以保持人员脸部露出水面,仰面漂浮消耗体力最少。

图 1-3-13 未穿救生衣仰浮姿势

(五)采取防溺水的方法

如果海面波涛汹涌无法仰浮待救,则可以采取俯式漂浮方法,习惯上也叫作水母漂。落水者吸气后全身放松俯漂在水面,四肢自然下垂,在需要吸气时,双腿前后交叉摆动,双手向前平举,然后向下、向外压划水,顺势抬头吐气、吸气,随即再低头闭气恢复漂浮姿势(见图 1-3-14)。这种方法可以节省落水者的体力,长时间漂浮时比通过游泳保持漂浮更容易。

图 1-3-14　俯式漂浮方法

这里需要指出,对于会游泳的未穿着救生衣的落水者,仰浮和水母漂确实可以让落水者休息,节省体力,但实验表明,对于不会游泳的落水者来说,这两个防止溺水的漂浮动作都很难完成。

(六)防范危险海洋生物攻击

如果落水者所在水域有危险海洋生物出没,落水者应尽量不引起其注意,避免造成危险。

(七)保持顽强求生意志

在水中保持漂浮时,如感到疲倦想入睡,必须设法保持清醒,要有决心和信心同危险做斗争,坚持的时间越长,获救的机会就越大。

(八)合适时机设法显示自己位置

当接近救助艇或过往船舶时,应采取立泳,将双手举出水面摆动,并大声呼救。除非过往船舶已发现落水者,并停船准备救援外,落水者不应无效游泳去追赶航行中的船舶,避免因盲目游泳而加快体热的散失。

第四节　登筏

一、救生筏的结构组成

救生筏(Life Raft)是指在船舶发生海难时,从弃船起能够漂浮在海面,维持船上遇险人员生命安全的求生工具,是船舶配备的主要救生设备之一。救生筏重量轻、体积小,易于搬动抛投,操作方便,具有一定的浮力,有隔热和御寒的顶篷,在船舶沉没时能自动脱离难船。但救生筏无自航能力,仅能作为等待援救时维持生存的工具。气胀式救生筏主要由筏体、篷柱、篷帐、筏底以及附属设施、器材组成。

（一）气胀式救生筏各部位的名称（见图 1-4-1）

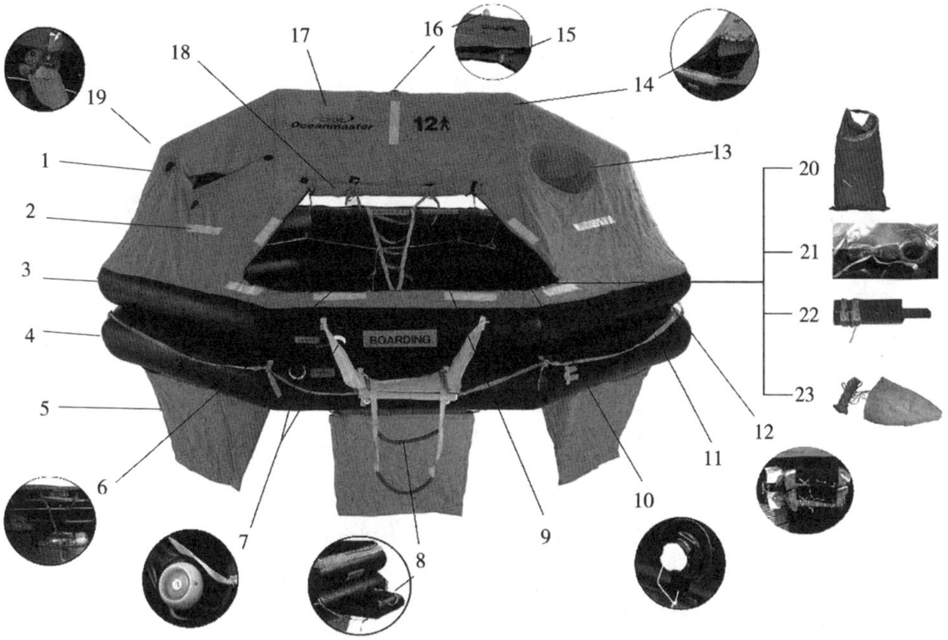

图 1-4-1　气胀式救生筏及附属设施、器材

1—雨水沟；2—反光带；3—上浮胎；4—下浮胎；5—平衡水袋；6—筏底；7—安全阀；8—登筏绳梯(登筏平台)；
9—内扶手绳；10—进排气阀；11—外扶手绳；12—充气钢瓶；13—瞭望窗；14—篷柱；15—照明灯；16—示位灯；
17—篷帐；18—进出口门帘；19—雨水袋；20—属具袋；21—救生浮环；22—安全小刀；23—海锚

（二）气胀式救生筏的主要部位设施及作用

1.筏体

筏体是指上、下两个浮胎。救生筏上、下浮胎为两个相互独立的气密隔舱，以提供足够的浮力，且当任意一浮胎损坏时，另一浮胎足以满足额定乘员和属具对浮力的要求。筏体上面设置有安全阀(见图 1-4-2)、进排气阀(见图 1-4-3)、登筏平台(见图 1-4-4)、登筏绳梯(见图 1-4-5)、充气钢瓶(见图 1-4-6)以及内、外扶手绳等。

图 1-4-2　安全阀

图 1-4-3　进排气阀

上、下浮胎分别设有安全阀和进、排气阀，安全阀用于自动排气泄压。进、排气阀用于给上、下浮胎和篷柱补气。登筏平台和登筏绳梯是为水中的求生人员登乘救生筏提供方便的设施。充气钢瓶上附有瓶头阀，只要拉动充气拉索将瓶头阀打开，即可自行给救生筏上、下浮胎和篷柱充气。内扶手绳装备在救生筏内上、下浮胎之间，供筏内人员在救生筏摇摆时抓扶；外扶手绳装在救生筏筏体外上、下浮胎之间，供水中人员攀扶。

图 1-4-4　登筏平台

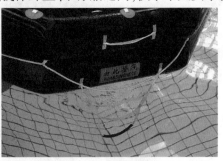

图 1-4-5　登筏绳梯

图 1-4-6　充气钢瓶

2. 篷柱

篷柱与上浮胎相连，主要用于支撑篷帐。由于篷柱以单向阀进气，即使上浮胎渗漏也不会受影响，仍能保持直立；篷柱顶部设有排气阀，不设补气阀。

3. 篷帐

篷帐粘贴在篷柱和上浮胎上，主要是为了避免救生筏内的求生人员直接暴露在自然环境中，起到避雨、防浪、避风、防晒等作用。在篷帐上设置有示位灯（见图 1-4-7）、照明灯、瞭望窗（见图 1-4-8）、雨水收集装置、进出口门帘、反光带以及相关标志等。

图 1-4-7　示位灯

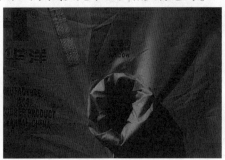

图 1-4-8　瞭望窗

照明灯安装在救生筏的内部,夜间漂浮时为救生筏提供筏内照明,便于人员阅读救生和属具须知等;示位灯装在篷柱外顶部,发出白色灯光,用以标明救生筏的位置。示位灯与照明灯在救生筏篷柱支起时都能自动点亮,其能源来自海水电池或蓄电池,能连续工作至少 12 h。示位灯与照明灯可由人工控制,应注意在救生筏上待救期间根据需要打开或关闭灯光。瞭望窗的防水护套应该朝向救生筏外侧,可以有效防止海浪和雨水进入救生筏。雨水收集装置包括雨水沟、雨水管和雨水袋,不收集雨水时,应将雨水管折弯扎紧,防止海浪和雨水进入救生筏。

4.筏底

筏底为双层底构造,双层底与下浮胎相连,以保障筏体水密性和增加筏体强度;双层筏底充气后形成一个气室,起到防寒或隔热降温作用。当大气炎热时,将双层底内气体放掉,利用海水直接接触双层筏底可以降低筏内温度;当天气寒冷时,可用手动风箱充气成双层隔舱,以减少筏内热量的散失。

筏底的下面设置有平衡水袋及扶正带(见图1-4-9)等。扶正带装配在筏底的外部,从有钢瓶一侧的筏底垂直向另一侧延伸并固定好,形成两条平行带,或者形成"V""Y"状的扶正带。其主要作用是,当救生筏处于倾覆状态时,人们可以借助扶正带将救生筏扶正。救生筏正常在海面漂浮时,平衡水袋内充满海水,以增强救生筏的稳性和平衡性,增大阻力。

图1-4-9 平衡水袋及扶正带

二、穿着救生衣从船上登上救生筏

穿着救生衣从船上登乘气胀式救生筏的方式主要有3种:

(1)经由机械吊放式救生筏离船

此种登筏方法一般在客船上比较常见。使用时要用专用的吊筏装置将救生筏吊起,在甲板上充气成型。然后船上人员依次进入筏内,操作人员再利用吊筏装置将筏降至海面脱钩后离开难船(见图1-4-10)。

(a)救生筏吊起转舷外

(b)救生筏充气成型

(c)固定救生筏后人员登乘

(d)降放救生筏至海面

图1-4-10　经由机械吊放式救生筏离船

（二）抛投式救生筏的登乘

操作时,要先将气胀式救生筏从存放架处投入水中,拉动充气拉索,救生筏在水面上会自动充气。

1.通过舷梯或绳梯登上救生筏

待筏体充胀成型后,用漂浮在水面救生筏的首缆将筏拉至舷梯边或救生甲板舷边,船上人员可通过舷梯或绳梯进入筏内(见图1-4-11)。

当抛投式气胀筏已经在水面上充胀成型并正浮在水面上,船员借助救生筏的缆绳,将筏拉近船舷、登乘梯的底边,同时将存放在集结场所的登乘梯正确地安放并固定好。船上人员按照顺序借助登乘梯依次登上救生筏。

在攀登梯子时,要注意不能超负荷地攀扶梯子,以免产生危险,登乘梯是软绳梯,在攀扶时手要握牢扶手绳,脚要踏稳踏板,手脚交替操作、协调动作、依次逐级地快速攀扶梯子,决不能在梯子的半路撒手跳向救生筏。当梯子上同时有两个以上的人员在攀扶时,在梯子上面的人,一定要注意下面人员的安全。在攀扶登乘梯时,要有专人指挥,在梯子的上、下两边要有专人协助,以保证人员安全、迅速地登乘救生筏。

2.从舷边跳入救生筏内

特殊情况下,求生人员也可以穿着救生衣由船舷较低的地点直接跳入救生筏的进出口。跳入救生筏时,严禁从高处直接跳到救生筏上,特别是跳到救生筏的篷帐上,以免使自己和筏内人员受伤及损坏筏体。跳入筏内时,应伸开手臂,胸部对着篷柱。注意应使脚掌首先接触筏底。如果脚跟先接触筏底,人体会向后弹起而落入水中(见图1-4-12)。

图1-4-11 通过舷梯或绳梯登上救生筏　　图1-4-12 从舷边跳入救生筏内

(三)通过海上撤离系统登上救生筏

1.海上撤离系统一般设置在船舶的两舷,通过启动装置从其密闭的箱中开启施放,滑道和平台被抛出舷外至海面,充气装置自动将其充气成型。

2.撤离系统充气完成后,施放救生筏使其漂浮于水面,调整控制索,确定登筏平台的位置,为登乘做好准备。

3.乘客在船员的指挥下依次撤离到登筏平台上。

4.滑下平台上的人员应在船员的引导下登乘到平台旁边系泊的救生筏上。

5.乘客进入救生筏后,求生人员应在船员的指导下到达指定的座位就座。

6.救生筏满员后将其分离,移到指定地点,在救生艇的牵引下漂流待救。余下的人员利用登筏平台旁边其他救生筏离开大船(见图1-4-13)。

图1-4-13 通过海上撤离系统登上救生筏

三、穿救生衣从水中登上救生筏

气胀式救生筏在出入口处设有登筏绳梯或登筏平台,入口处上浮胎上有攀拉索带(见图1-4-14)。

登筏时,落水人员游到筏的入口处,如果利用登筏绳梯登上救生筏,先用一只手抓住登筏绳梯,另一只手抓住浮胎上的攀拉索带,双脚登上登筏绳梯的最上面一格。两只手同时抓住攀拉索带或上浮胎内沿;两脚用力向下蹬,两臂弯曲用力向后拉攀拉索带或

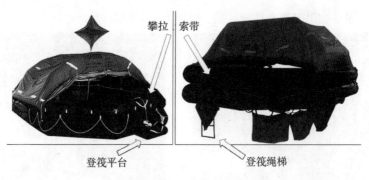

图1-4-14　气胀式救生筏的登筏绳梯、登筏平台和攀拉索带

上浮胎内沿,头部向前倾,使上身倒向筏内,身体其他部分则顺势进入筏中。如果利用登筏平台登上救生筏,双手抓住并下拉救生筏上浮胎上面的攀拉索带,同时用力向下蹬腿,顺势将一条腿膝盖压住登筏平台;弯曲另一条腿用膝盖压住登筏平台;抬起一条腿,跨入救生筏内(见图1-4-15)。

图1-4-15　从水中登上救生筏的方法

如有多人应筏上人拉、水中人推,互相协助登筏(见图1-4-16)。

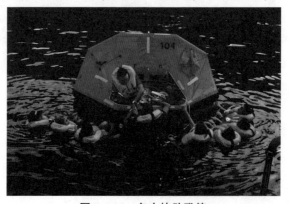

图1-4-16　多人协助登筏

第五节 登筏后的行动

一、登上救生筏时立即采取行动

登上救生筏时应立即采取行动,其主要包括:

1.切断系船索,离开船舶。

求生者登上救生筏后,应迅速使用备放在出入口的安全小刀割断救生筏与难船连接的缆绳(尽可能多地回收)(见图1-5-1),尽快操纵救生筏向上风方向离开难船,并保持安全距离。救生筏本身没有动力,如果没有艇只拖带,需要使用自身所配备的桨和海锚操纵救生筏,离开船舶时,应将筏底平衡水袋收起以减少水阻力(见图1-5-2)。

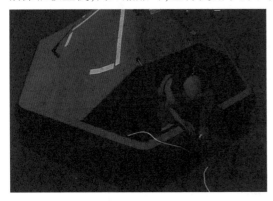

图1-5-1 割断救生筏与难船连接的缆绳 　　图1-5-2 划桨离开时将筏底平衡水袋收起

2.寻找并救起水中其他幸存者。

要利用手电筒、哨笛或者呼喊等手段搜寻和救助在水中漂流的求生人员。

3.确保驶离船舶后放下海锚。

驶离船舶合适距离后,应将海锚抛入水中,保持救生筏相对稳定的状态。

4.关闭入口。

要做好防寒、防风雨、防日晒、防海浪等准备。检查救生筏篷帐、瞭望口、门帘等有可能破漏的部位,要确认安全可用,保持筏内的清洁和干燥。

5.阅读救生手册。

每只救生筏配备的救生须知或救生手册中会包含登上救生筏后应采取的各项行动的指导。

根据规定,登上救生筏时应立即采取的行动的说明,应以易于辨认的字体书写在防水材料上,并张贴出来,使进入救生筏的人员容易看到。该说明除使用本国官方语言外,还应以IMO规定的一种官方语言书写(见图1-5-3)。

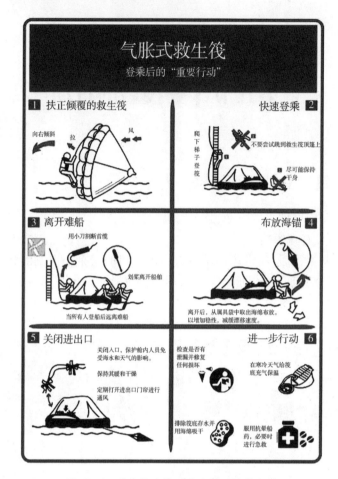

图 1-5-3　登上救生筏时应立即采取的行动

二、登上救生筏后采取的进一步行动

登上救生筏后,应根据具体情况采取下列行动以增加生存机会。

1.指定每个救生筏的负责人。

2.安排瞭望。

3.打开属具备品包,清点属具备品,阅读救生手册。

4.发放抗晕船药和清洁袋。

5.及时排除救生筏内的积水,擦干救生筏筏底。根据需要给救生筏筏底充气。

6.如有幸存者受伤,必要时进行急救。

7.集结救生艇筏,将救生艇筏连接在一起,并在救生艇筏之间分配幸存者和设备。

8.分配值班人员和任务。

9.检查救生筏是否正常运行,是否有任何损坏,并视情况进行维修(如果二氧化碳泄漏到救生筏中,则应进行通风)。

10.检查救生筏顶棚灯的功能,并在白天节约用电。

11.根据情况调整救生筏进出口,以防风雨天气影响救生筏的使用。

12.准备并使用包括无线电设备在内的易于被人发现的设备和信号。

13.收集任何有用的漂浮物体。

14.采取措施防止高温、寒冷和潮湿。

15.决定食物和淡水的配给量。

16.采取措施增强士气。

17.做好筏内清洁工作,使救生筏适合居住。

18.维护救生筏属具,给上浮胎和篷柱充满气。

19.正确使用救生筏内配备的属具备品。

20.为恶劣天气的来临做好准备。

21.为救援单位的到来、被拖带、直升机救援或抢滩登陆做好准备工作。

第六节　操作救生筏设备

　　根据规定,救生筏应该配备一定的属具和备品(见表1-6-1),以供求生人员使用。求生人员可以根据情况使用这些属具备品,以延长生存时间,直至获救。根据大纲要求,本节主要介绍救生筏海锚、保温用具、雷达反射器、可浮救生环及补漏工具的使用方法。

表 1-6-1　救生筏配备的属具和备品

序号	配备	用途	图片
1	系有长度不少于 30 m 浮索的可浮救生环 1 个	抛掷给水中人员,拉动浮索将人救至艇上	
2	可浮的非折叠式安全小刀 1 把,系以短绳并存放在顶棚外、靠近筏的首缆与筏连接处的袋子内。另外,乘员定额为 13 人及以上的救生筏应加配 1 把不必是非折叠式的小刀	用来割断绳索,存放在筏的顶棚外、靠近筏的首缆与筏连接处的袋子内	
3	乘员定额不超过 12 人的救生筏配有可浮水瓢 1 只;乘员定额为 13 人及以上的救生筏有可浮水瓢 2 只	用来排除筏内积水,收集雨水等用	
4	海绵 2 块	一块用来收集露水,另一块用来收集、排除筏内积水	

续表

序号	配备	用途	图片
5	海锚2只	增加阻力、防止大风浪中倾覆、调节通风、操纵救生筏移动	
6	可浮手划桨2只	人员登乘后，用手划桨离开难船	
7	开罐头刀3把。带有开罐头叶片的安全小刀可满足要求	开罐头用	
8	急救药包1套	医疗救助使用，存放在水密容器内。包括急救指南、止痛药、抗菌制剂、烧伤制剂、胶布、无压力绷带、黏性弹性绷带、无菌纱布、三角绷带	
9	哨笛或等效的音响号具1只	供联络和发送求救信号用	
10	火箭降落伞火焰信号4支	当发现他船，向他船发出求救信号时使用。适于夜晚使用	
11	手持红火焰信号6支	当发现他船，向他船发出求救信号时使用。适于夜晚使用	
12	漂浮烟雾信号2支	当发现他船，向他船发出求救信号时使用。适于白天使用	
13	防水手电筒1只。连同备用电池1副及备用灯泡1只，装在同一防水容器内	需要发送联络和求救信号用	
14	雷达反射器1具(配有雷达应答器的救生筏可免除)	供营救船或飞机雷达搜索用，可增大救生筏被搜寻发现机会	
15	日光信号镜1面。连同船舶和飞机通信用法须知	利用镜面反射阳光引起对方注意，用来与过往船舶和飞机联络	

续表

序号	配备	用途	图片
16	救生信号图解 1 张。印制在防水硬纸上,或装在防水容器内	供通信联络用	
17	钓鱼用具 1 套。包括钓鱼指南、钓钩、诱饵、重锤、鱼线、鱼线架(缠绕器)	用于钓鱼	
18	额定乘员每人不少于 10 000 kJ (2 400 kcal)口粮	供食用	
19	每个乘员供应 1.5 L 的淡水。其中部分淡水量可按规定由海水淡化装置替代	供弃船 24 h 后开始饮用,每天 0.5 L	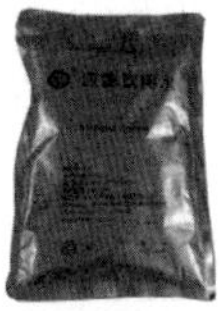
20	不锈饮料量杯 1 个	分配淡水时使用	
21	每人供应 48 h 用量的防晕船药和清洁袋 1 只	防晕船使用,清洁袋每人 1 个,供呕吐用,以保持艇内清洁卫生	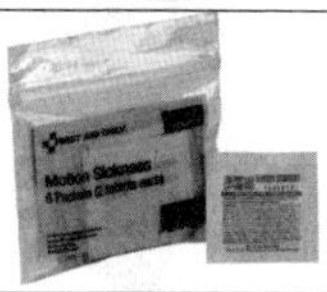
22	救生须知	帮助求生者了解在弃船并登上救生筏时生存所必需的操作说明、安全措施、瞭望程序等信息	
23	紧急行动须知	是有关进入救生筏后紧急行动的说明,以易于辨认的字体书写在防水材料上,并张贴在进入救生筏的人员容易看到的地方	

27

续表

序号	配备	用途	图片
24	足供不少于救生艇额定乘员 10% 用的保温用具（或 2 件），取其大者	防止暴露、防寒保暖	
25	充气泵或充气器 1 具	气胀式救生筏配备，筏体补充气体时使用	
26	修补浮力舱破洞的修补工具 1 套	气胀式救生筏配备，修补筏体破漏部位使用	

一、救生筏海锚

救生筏海锚（见图 1-6-1）是配备在救生艇筏内的一种特殊装置。救生筏中配备 2 只海锚，每只海锚配有耐震锚索和收锚索（如有），一只装在救生筏属具备品袋中备用，另一只固定地系于救生筏上，其系固方法应使海锚在救生筏充气或水中漂浮时，总是使救生筏以非常稳定的方式顶风漂浮。每只海锚及其锚索和收锚索（如有）应具有足以适用于一切海况的强度。海锚应有防止绳索旋转的设施，并且是不能在其支索之间外转的一种类型。永久地固定在吊架降落救生筏上和安装在客船的救生筏上的海锚只供人工布放。所有其他的救生筏，应配备当筏充气时能自动布放的海锚。

（a）配有锚索的海锚　　　　　　　　（b）同时配有耐震锚索和收锚索的海锚

图 1-6-1　救生筏海锚

（一）救生筏海锚的作用

救生筏海锚主要用于改善救生筏在风浪中的运动状态，其作用主要有：

1. 增加阻力，减缓救生筏的漂移速度。
2. 防止救生筏在大风浪中倾覆。
3. 使救生筏开口避开风浪或加强救生筏通风。
4. 操纵救生筏移动。

(二)救生筏海锚的使用

使用救生筏海锚时,首先要确认救生筏锚索的末端牢牢固定在救生筏上。使用海锚时应注意,如果配备了收锚索,应仅使锚索受力,使收锚索处于松弛状态,不能受力。

1.操纵救生筏撤离难船

由于救生筏无自航能力,为尽快操纵救生筏撤离难船一定距离,这时候我们可以通过收放海锚来配合划桨,加快速度。操作方法是:救生筏内的求生者将布放在水中的海锚回收,将锚索盘好使其易于抛投,用力将海锚连同锚索抛向想要移动方向的前方,等海锚充分展开并灌满水后,在海锚持续受力的情况下快速回收海锚,那么救生筏将向着海锚的方向移动。

2.增加阻力和防止倾覆

到达合适位置后,将救生筏海锚投入水中,海锚在充分展开并灌满水后会增加水阻力,减缓救生筏的漂移速度,增加救生筏的稳性,防止救生筏在大风浪中倾覆。在非常恶劣的条件下,可以使用第二个海锚。如果有必要这样做,应确保两个锚索的长度不同,以防两个海锚相互绞缠,影响使用。

3.避开风浪或加强通风

漂浮待救时,根据需要调节海锚锚索系固位置。将海锚锚索系固在避开救生筏开口的位置,可以使救生筏的进出口避开风浪,使救生筏内求生者免受风浪的侵袭。而将海锚锚索系固在救生筏开口的位置,可以加强炎热海域救生筏内的通风。

4.向某一目标移动

可使用海锚来使救生筏向某一目标移动,操作方法和操纵救生筏撤离难船方法相同。需要注意的是,这种方法并不适合长距离移动。

5.回收海锚

如果救生筏的海锚只有锚索,施放和回收都操作锚索,在海锚受力大时,回收操作会很吃力,要注意安全,慢慢回收。如果配备了收锚索,应该只拉收锚索回收海锚。

二、保温用具

(一)保温用具的作用及种类

保温用具(Thermal Protective Aids, TPA)是指采用低导热率的防水材料制成的袋子或衣服,是为救生筏中体弱和伤病员配备的救生设备,其目的是防止这些人员体温下降,保持温暖和干燥,免受风雨和寒冷侵袭。由防水材料制成的保温用具具有很低的导热率,可以减少体热消耗,利于在寒冷潮湿环境中保存体温。

1.保温用具使用反射材料,其反射率约为80%,热辐射为95%左右。它将人体散失的热量再反射回来,使其体表散发的热量不致散失到保温用具的外面。

2.利用其封闭形式,使人体散发的热量保留在保温用具内,形成一个"热气团",不与外界产生对流,减小热交换而达到保温目的。

3.在热带水域或炎热季节,救生筏求生者也可以利用保温用具作为防暴晒的遮蔽物,以防阳光灼伤。

4.保温用具具有较好的对雷达波反射性能,起到雷达反射器的作用。

保温用具按照形状分为保温袋[见图1-6-2(a)]和保温衣[见图1-6-2(b)],保温袋像一个大口袋,保温衣更像一件带有袖子和裤管的衣服。保温衣的保温性能不如保温袋,但其优势在于避免了保温袋将人员禁锢的缺点,如腿脚不能行走,手臂活动受限,保温衣内的人员仍然可以执行很多任务。

(a)保温袋   (b)保温衣

图 1-6-2　保温用具

（二）保温用具的配备

1.每艘救生艇、救生筏和救助艇配备足够10%额定乘员使用的保温用具或2件保温用具,取其大者。

2.不一直在温暖气候区域航行的客船,或者配备的是开敞式救生艇的客船,应为救生艇中没有配备救生服的每个人配备保温用具。

（三）保温用具的穿着和使用

保温用具穿着简单方便,穿着方法与穿着普通连衣帽裤相似,使用之前应查看说明书(见图1-6-3)。可以在穿着救生衣的情况下穿着保温用具。保温用具若采用拉链,应能从内外两面开闭;若采用拉绳,应有锁定器。

(a)保温袋的使用   (b)保温衣的使用

图 1-6-3　保温用具的穿着和使用

1.穿着时,首先打开包装袋,取出并摊开保温用具。

2.拉开拉链或拉绳,双脚分别伸到保温用具底部。

3.戴上帽子,穿进保温用具内,拉上拉链或收紧拉绳。

4.拉紧头部四周锁紧绳,使面孔露在外面。注意使除脸部以外的部位都得到遮蔽。

(四)保温用具穿着注意事项

1.根据 SOLAS 公约第三章和《LSA 规则》要求,可以在穿着救生衣的情况下穿着保温用具(见图 1-6-4)。

2.进入保温用具之前应擦干身体,拧干衣服中的水分或能换上干衣服。

3.保温用具一般装在比较结实的真空袋内,防止意外损坏。平时存放于救生艇筏和救助艇内。应注意保管,避免撕破、撕裂保温用具。

图 1-6-4　穿着救生衣的情况下穿着保温用具

三、雷达反射器

(一)雷达反射器的作用

雷达反射器是救生筏的重要属具,雷达反射器本身不需供给电源,它只有在被雷达电磁波扫描到后,才反射回波,所以又常被称为被动式回波增强器。它的作用是能把雷达的电磁波聚集在一定的空间角范围内,朝向雷达电磁波的入射方向反射回去。由于救生筏本身的高度所限,依靠雷达反射器对雷达电磁波的反射,可以在雷达显示器屏幕上显示一个稳定的亮点以区别海浪等其他物标所产生的回波。雷达反射器主要有折叠式(涂层型)(见图 1-6-5)和插片式(金属型)(见图 1-6-6)两种。这里介绍目前救生筏中配备较多的折叠式雷达反射器。

图 1-6-5　折叠式雷达反射器　　　　图 1-6-6　插片式雷达反射器

（二）折叠式雷达反射器的组成

折叠式雷达反射器由反射器主体和 2 根（救生艇）或 3 根（救生筏）支柱组成，其中反射器主体一般为可折叠式，使用时可以撑开（见图 1-6-7）。

图 1-6-7　折叠式雷达反射器的组成

（三）雷达反射器的正确安装方法

如图 1-6-8 和图 1-6-9 所示，其具体步骤如下：

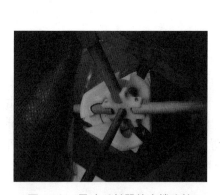

图 1-6-8　雷达反射器的支撑连接

图 1-6-9　雷达反射器的正确安装

1.打开包装袋，取出雷达反射器的主体和支柱。

2.撑开雷达反射器的主体，直到伞弹簧弹出锁牢，并旋紧张紧螺栓，以保持反射面的张力。

3.把反射器主体装在头部支柱的钩型槽内，使连接夹头上的 3 条钩形槽卡住反射器中心处的 3 根较粗撑杆，并旋紧夹头螺母。

4.连接 3 根支柱，并使连接弹簧销卡牢。

5.将支柱由上到下通过救生筏篷帐上的雷达反射器开孔，将底部支柱竖直插入到救生筏筏底的橡胶底座上，用绳带系牢雷达反射器。注意使救生筏篷帐上的雷达反射器开孔护套朝向外部并扎紧（见图 1-6-10），这样可以有效减少雨水、海浪沿着雷达反射器支柱进入救生筏。

图 1-6-10　雷达反射器的错误安装

四、可浮救生环

（一）可浮救生环的作用

救生筏的属具备品包里备有 2 个可浮救生环（见图 1-6-11），并系有不少于 30 m 长的可浮救生索。该可浮救生环的作用是当发现水中有落水者，且落水者有清醒的意识，并可以自由活动时，救生筏上人员可以不需要进入水中，就将可浮救生环抛给水中人员，快速对其进行救助。

图 1-6-11　可浮救生环

（二）正确使用可浮救生环

1.在使用可浮救生环之前，应将救生环所带的 30 m 可浮救生索进行整理，保证救生索没有打结、绞缠等现象，方便将可浮救生环抛出。

2.将可浮救生索的绳根部分系在救生筏上，或者系在手臂上，防止在抛出可浮救生环时将所有的救生索一起抛出（见图 1-6-12）。

3.抛出可浮救生环至落水者身前，由落水者抓住后套于上臂，并抱紧双臂。

4.救生筏上人员拉动可浮救生索，将水中人员拉至救生筏旁，协助其登上救生筏。

五、补漏工具

在救生筏的属具备品中备有补漏工具 1 套，主要包括补洞塞、补洞夹和粘补材料（见图 1-6-13）。

图 1-6-12　抛出可浮救生环

图 1-6-13　救生筏补漏工具

（一）补洞塞

救生筏中备有专用的圆锥形、刻有螺纹的橡胶材料制成的专用的补洞塞（见图 1-6-14），如果救生筏破洞口近似圆形且口不大，则可以直接使用补洞塞旋进破口进行补漏。补洞塞适合应急处理，使用补洞塞需注意，一方面修补后破洞处可能仍有少量气体泄漏，需密切观察，适时补气；另一方面补洞塞可能脱落，最好系细绳防止丢失。如情况允许，可更换补洞夹或进行粘补。

图 1-6-14　补洞塞

（二）补洞夹

如果发现破洞稍大或者是裂缝稍长,可以使用补漏工具中的补洞夹(见图 1-6-15、图 1-6-16)。先将补洞夹的固定螺栓打开,将连接螺栓的一面夹片竖立送入破洞口中,从破动口引出螺栓,调整夹片方向,使之与破洞方向吻合;再将另一面夹片穿进螺栓,对齐破洞中的夹片,使用固定螺栓拧紧,两夹片夹住破口处,即可以堵住破洞(见图 1-6-17)。补洞夹操作简单,效果可靠,但不适用于不平整的边角处破洞。

图 1-6-15　补洞夹　　　　　图 1-6-16　补洞夹操作示意图

图 1-6-17　补洞夹使用步骤

（三）粘补材料

如果破口使用补洞塞和补洞夹不能够进行封堵,补筏工具袋中还有粘补材料。使用剪刀剪裁一块至少比破洞大 25 mm 的尼龙橡胶布,用砂布打磨一下破洞口的四周,再将补丁打磨去掉蜡光面,在补丁和破洞口的四周都均匀地涂上胶水,待胶水稍干后,将补丁粘贴在破口上,压平压实,大约 5 min 后再进行充气(见图 1-6-18)。粘贴时要注意保持粘补处干燥。这种方法对于筏内部破口或者上浮胎外部破口或许有效,对于下浮胎外部和筏底破口就很难达到预期效果。

图 1-6-18　粘补破洞

第二章

防火与灭火

第一节 灭火的基本知识

一、火灾分类

国际标准化组织于 2007 年修订发布《火灾分类》(ISO3941:2007),按燃料性质将火灾分为 A、B、C、D、F 五类。我国依据此标准并结合国情,制定推荐性国家标准《火灾分类》(GB/T 4968—2008),除按可燃物质性质分类,还根据可燃物类型和燃烧特性,将火灾分为 A、B、C、D、E、F 六大类,其中依据《建筑灭火器配置设计规范》(GB 50140—2005)增加 E 类火灾(带电火灾)。

1.A 类火灾

A 类火灾指固体物质火灾。这种物质通常具有有机物质性质,一般在燃烧时能产生灼热的余烬。如由木材、干草、煤炭、棉、毛、麻、纸张等引起的火灾。船上常见的可引起 A 类火灾的物质有木材、木制品、纺织品、纤维、塑料和橡胶等。这类火灾的特点是全面燃烧,不仅可燃物质表面会燃烧,而且物质内部也会燃烧,灭火不彻底还有复燃的可能。对于这类火灾,最好使用水进行补救。

2.B 类火灾

B 类火灾指液体或可熔化的固体物质火灾。如由煤油、柴油、原油、甲醇、乙醇、沥青、石蜡、塑料等引起的火灾。这类火灾的特点是表面燃烧,燃烧速度快、温度高、有爆炸的危险。对于这类火灾,最好使用泡沫进行扑救。

3.C 类火灾

C 类火灾指气体火灾。如由煤气、天然气、甲烷、乙烷、丙烷、氢气等引起的火灾。这类火灾的特点是燃烧速度更快、温度更高、爆炸危险更大。其较适宜的灭火剂为干粉。

4.D 类火灾

D 类火灾指金属火灾。如由钾、钠、镁、铝镁合金等引起的火灾。这类火灾的特点是燃烧温度极高,燃烧速度非常迅猛。高温下金属性质特别活泼,能与水、二氧化碳、氮、卤素及含卤化合物发生化学反应,这类火灾不能使用常见的灭火剂进行扑救,必须使用金属干粉灭火剂进行扑救。

5.E 类火灾

E 类火灾指带电火灾。物体带电燃烧的火灾不适合按照燃烧物类别进行相应的分类。这类火灾在扑救时首先要切断电源,断电后可作为 A 类火灾进行扑救。如果一时无法断电,应采用不导电的干粉和二氧化碳等灭火剂进行扑救。

6.F 类火灾

F 类火灾指烹饪器具内的烹饪物(如动植物油脂)火灾。此类火灾原属于 B 类火灾,特点是闪点高,起火时液体温度高,多为厨房食用油发生火灾;应采用化学湿粉、水雾、防火毯等进行扑救。

二、灭火方法

1.隔离法

隔离法就是将可燃物质从燃烧的地方移走,将火与可燃物质隔开;或迅速将燃烧物转移到安全地点或投入海中;或拆除火场附近的易燃物质;或关闭可燃气体或可燃液体的阀门等。

2.窒息法

窒息法是使可燃物质与空气隔绝,使火因"缺氧"而"窒息",从而达到灭火的目的。例如用不燃的石棉毯、泡沫、干粉、砂子等覆盖在燃烧物的表面,使空气中的氧气起不了助燃作用;或向燃烧的舱室、容器灌入二氧化碳等惰性气体,来降低空气中的氧含量;或关闭火场的门窗、通气筒、舱盖、人孔等以停止或减小空气中氧气的供应,使空气中氧含量迅速减少,当火灾区域中空气氧含量降到 11% 以下时,对一般可燃物质来说,会因缺氧而使火灾熄灭。

3.冷却法

冷却法是使用灭火剂降低燃烧物的温度,使燃烧温度低于燃烧物的燃点,这时燃烧就会停止。如用水、二氧化碳等直接喷洒在燃烧物上来降温灭火;也可用水对火源附近的可燃物进行喷射降低温度,阻止火灾的蔓延。

4.抑制法

抑制法又称化学中断法或中止法,是让灭火剂参与到燃烧反应中,使助燃的游离基消失,或产生稳定的或活动性很低的游离基,使燃烧反应终止。如使用卤化烃或干粉灭火剂等扑灭火灾就属于此种灭火方法。

采用哪种灭火方法实施灭火,应根据燃烧物质的性质、燃烧特点和火场的具体情况,以及消防技术装备的性能进行选择。有些火灾,往往需要同时使用几种灭火方法。这就要注意掌握灭火时机,搞好协同配合,充分发挥各种灭火剂的效能,迅速有效地扑灭火灾。

三、灭火剂

想要有效地扑灭不同类型的火灾,就要使用合适的灭火剂。

(一)常见灭火剂

按 IMO 相关指南的分类,船用灭火剂包括水、水和添加剂灭火剂、泡沫灭火剂、干粉灭火剂、二氧化碳灭火剂、湿化学品和清洁气体等。这里介绍水、泡沫灭火剂、干粉灭火剂和二氧化碳灭火剂 4 种船舶常用的灭火剂。

1.水

水是灭火中使用最广泛的灭火剂。水的灭火作用包括冷却作用、窒息作用、对可燃易燃液体浓度的稀释作用、水力冲击作用、乳化作用及对可燃固体的润湿作用,其中冷却作用是水的主要作用。因为水的比热容和汽化热很大,所以当水与炽热的燃烧物质接触时,会大量吸收该物质的热量,迫使燃烧的温度大大降低,当温度降低到可燃物质的燃点以下时,燃烧即终止。另外,水的冷却还可以起到抑制火势蔓延、封堵火势的作用。

2.泡沫灭火剂

泡沫灭火剂按照泡沫生成方式可以分为化学泡沫和机械泡沫(也称空气泡沫)。化学泡沫灭火效果较差,目前船上基本不使用。机械泡沫是通过空气泡沫灭火剂的水溶液与空气在泡沫产生器中进行机械混合、搅拌而产生的,泡沫中所包含的气体一般为空气(见图 2-1-1)。

空气泡沫按照发泡倍数,分为高倍、中倍和低倍泡沫,按照用途可分为普通泡沫和抗溶性泡沫,按基料类型可分为蛋白泡沫、氟蛋白泡沫、水成膜泡沫、抗溶性泡沫和合成泡沫。

泡沫的灭火作用包括窒息作用、冷却作用、稀释作用、隔热作用,窒息作用是泡沫灭火剂的主要灭火作用。由于泡沫的密度远远小于一般可燃液体的密度,因而可以漂浮于液体的表面,形成一个泡沫覆盖层,可以隔绝空气,达到灭火效果。

图 2-1-1 泡沫灭火剂

3.干粉灭火剂

干粉灭火剂是一种干燥的、易于流动的微细固体粉末(见图 2-1-2)。其具有灭火效力大、速度快、无毒、不腐蚀、不导电、久储不变质等优点。常用干粉灭火剂包括普通干粉灭火剂（又称 BC 干粉灭火剂）、多用途干粉灭火剂（又称 ABC 干粉灭火剂）、金属干粉灭火剂（又称 D 类干粉灭火剂），金属干粉灭火剂按可扑救的金属材料对象划分类别，分为单一型和复合型。

普通干粉灭火剂和多用途干粉灭火剂的型号以适用扑救的火灾类型代号、主要组分及含量和企业自定义等内容的组合来表示。示例：ABC—$NH_4H_2PO_4$（75%）+$(NH_4)_2SO_4$（15%）—B，表示主要组分为磷酸二氢铵含量为 75%、硫酸铵含量为 15%，适用于扑灭 A 类、B 类、C 类火灾，企业自定义为 B 的 ABC 干粉灭火剂。

D 类干粉灭火剂的型号由字母 D 与可扑救的金属材料对象代号构成。示例：D—Mg，表示可以扑救金属镁的 D 类干粉灭火剂；D—Na、Al（C_2H_3），表示可以扑救金属钠和三乙基铝的 D 类干粉灭火剂。

图 2-1-2　干粉灭火剂

干粉的灭火作用包括对有焰燃烧的抑制作用、窒息作用等，其中对有焰燃烧的抑制作用是干粉灭火剂的主要灭火作用，即消灭燃烧中的游离基，使燃烧提前终止，达到灭火的效果。

4.二氧化碳灭火剂

二氧化碳是一种在常温下无色无味的气体，密度比空气略大（约为空气的 1.5 倍）。二氧化碳具有不燃、不助燃、易于液化、制造方便、便于储存等特点，而且二氧化碳在灭火时，不腐蚀金属，不损伤机械和货物，对电气设备绝缘，没有破坏作用。所以，目前二氧化碳是船舶上常用的灭火剂（见图 2-1-3）。

图 2-1-3　二氧化碳灭火剂

二氧化碳的灭火作用包括窒息作用和冷却作用，其中主要是窒息作用。大量的二氧化碳气体使燃烧区氧的浓度迅速下降，当二氧化碳达到足够浓度时火焰会因"窒息"而熄灭。

（二）灭火剂的发展现状

随着时代的不断发展和科学技术的进步，灭火剂的种类和数量越来越多。国内外已经研究和正在开展研究的灭火剂很多，比如以七氟丙烷为代表的卤代烃类、以 IG-541 为代表的惰性气体，以及全氟己酮灭火剂、2-BTP 灭火剂、湿式化学灭火剂等。

具有体积小、质量轻、灭火效率高、防复燃效果显著等优点的环境友好型清洁灭火剂必将逐步取代对环境产生破坏作用的传统灭火剂。这里介绍 3 种目前已经获得中国船级社型式认可证书的灭火剂。

1.七氟丙烷灭火剂

七氟丙烷灭火剂化学代号 HFC-227ea，分子式 CF_3CHFCF_3，在常温下为气态，无色无味、不导电、无腐蚀。七氟丙烷灭火剂灭火机理为物理作用和化学作用，其以液态储存在钢制压力容器中，冲入氮气增加其密封性能。当施放时，七氟丙烷在喷头处蒸发为气态，规则地进入滑油燃油等液体储存的火灾区域。七氟丙烷适用于以全淹没灭火方式扑救电气火灾、液体火灾或固体表面火灾、灭火前能切断气源的气体火灾。七氟丙烷具有用量少、灭火效率高、干净无残留的优点，目前已经应用于船舶灭火站中。七氟丙烷常温下无毒，在灭火区域与火焰接触后会产生氟化氢，在施放过程中需要建立控烟边界或采取排烟措施，防止毒气进入船舶上未受影响的区域，注意需要船上人员全部撤离后施放。

七氟丙烷可以在大气中存活 31~42 年，它的全球变暖潜能（GWP）为 3 350，是典型的温室效应气体。因此，2016 年 10 月《蒙特利尔议定书》第 28 次缔约方大会在卢旺达首都达成《基加利修正案》，该修正案明确将七氟丙烷列入受控物质清单。2019 年 5 月，《关于持久性有机污染物的斯德哥尔摩公约》第九次缔约方大会批准了关于全氟辛基磺酸及其盐类和全辛基磺酰氟的附件 B 修正案（SC-9/4），该修正案要求禁止生产和使用七氟丙烷（可接受用途和特定豁免除外）。国外一些国家规定了停用七氟丙烷灭火剂的时间，自 2024 年起，我国对氢氟碳化物灭火剂七氟丙烷和六氟丙烷等生产实行配额管理，并逐步限制其使用，这意味着七氟丙烷最终会被淘汰。鉴于以上原因，目前能替代该灭火剂的优先考虑全氟己酮灭火剂。在船舶领域，船用七氟丙烷灭火系统将停用，可以采用船用全氟己酮灭火系统进行灭火。

2.全氟己酮灭火剂

全氟己酮灭火剂化学代号 FK-5-1-12，属于氟化酮类，分子式为 $CF_3CF_2C(O)CF(CF)_2$。全氟己酮灭火剂是洁净灭火剂，不含有固体颗粒和油脂，该灭火剂常温下是无色液态，容易汽化、无味、无腐蚀性、不导电，在释放后不留下残余物。全氟己酮灭火剂灭火机理为化学作用和物理作用，可分为三个过程：第一，降温灭火，全氟己酮液体高速雾化喷出后，遇热汽化，由于汽化热容量大，具有较强的吸热能力，使火焰快速失去热量，破坏火灾四面体平衡。第二，窒息灭火，全氟己酮密度大，在悬浮下落的过程中，在火焰周边可以隔绝空气中的氧气。第三，化学抑制灭火，可以捕捉燃烧链式反应的自由基，终止火焰传播的链式反应。全氟己酮灭火剂灭火高效快速（<10 s），灭火浓度为 4%~6%，对人身无危害，已被美国环保署批准可在有人场所内使用。全氟己酮灭火剂是哈龙良好的

替代品,不含氯、溴元素,不会对大气层中臭氧有损害,它在空气中只存活 3~5 天就分解,对环境无害,适用于以全淹没灭火方式扑救电气火灾、液体火灾或固体表面火灾、灭火前能切断气源的气体火灾。但有研究表明,全氟己酮在灭火过程中,高温裂解时会有剧毒气体全氟异丁烯和毒性气体一氧化碳产生。因此,全氟己酮灭火系统启动后,防护区内不能有人员滞留。

全氟己酮灭火剂在国外已有 20 多年应用历史。2001 年,美国 3M 公司推出了 Novec 1230 的新型洁净灭火剂,并于同年在美国进入了商业推广阶段,并获得了美国 UL、FM 认证,全氟己酮灭火剂被 NEPA 2001 版标准收录为洁净气体灭火剂,后来又被编入 ISO 14520-5。近年来,随着中国企业科技水平提升,国内已有多家氟化工企业独立开发出全氟己酮灭火剂产品,打破了国外品牌在这一领域的长期垄断。

3.湿式化学灭火剂

船上常用的厨房灭火装置中的灭火剂释放后粉尘污染严重,不易清理、不易降解,且热油飞溅容易伤人。湿式化学灭火剂由乙酸钾或柠檬酸钾及碳酸氢钾制成,主要用于扑救 F 类火灾,具有灭火效率高、用药量少、灭火时间短、高温燃油不会飞溅、药剂对人体和环境无害、灭火后易于清洗现场等优点。其灭火原理是:灭火剂与高温食用油表面接触发生反应,能冷却油脂表面,且在大量吸收热量的同时,其表面会生成泡沫覆盖层,可以隔绝空气,防止可燃蒸汽的弥散,达到灭火效果。专门针对烹饪器具内的烹饪物火灾(F 类)研制的湿化学品灭火系统在国外应用较为成熟,我国应用起步较晚,尤其是在船上的应用更晚,近几年才有国内产品获得中国船级社型式认可证书。

四、灭火器

(一)灭火器的型号和规格

1.灭火器的型号

手提式灭火器的型号编制方法如下(见图 2-1-4):

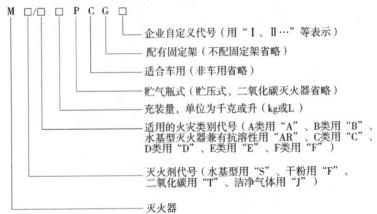

图 2-1-4　手提式灭火器的型号编制方法

(1)示例 1:MF/ABCE2C 表示适用于 A 类、B 类、C 类、E 类火灾,充装量为 2 kg 的适合车用的手提式贮压式干粉灭火器。

（2）示例2：MS/EF6PG 表示适用于 E 类、F 类火灾，充装量为 6 L，配有固定架的手提式贮气瓶式水基型灭火器。

（3）示例3：MT/BE2 表示适用于 B 类、E 类火灾，充装量为 2 kg 的手提式二氧化碳灭火器。

（4）示例4：MS/ABARE9 表示适用于 A 类、B 类、E 类火灾，兼有抗溶性的，充装量为 9 L 的手提式贮压式水基型灭火器。

（5）示例5：MJ/B6 表示适用于 B 类火灾，充装量为 6 kg 的手提式洁净气体灭火器。

2.灭火器的规格

灭火器的规格按照其充装量划分：

（1）干粉灭火器：1 kg、2 kg、3 kg、4 kg、5 kg、6 kg、8 kg、9 kg、12 kg；

（2）水基型灭火器：2 L、3 L、6 L、9 L；

（3）二氧化碳灭火器：2 kg、3 kg、5 kg、7 kg；

（4）洁净气体灭火器：1 kg、2 kg、4 kg、6 kg。

（二）灭火器的灭火级别

1.灭火级别的概念

灭火级别定量和定性地表征灭火器的灭火能力及其适用扑救火灾的种类，是一种衡量标准。灭火级别由数字和字母组成，数字表示灭火级别的大小，字母表示灭火级别的单位值及灭火器适用扑救火灾的种类（见图2-1-5）；其中 A 表示灭火器扑灭 A 类火灾的灭火级别的一个单位值；B 表示灭火器扑灭 B 类火灾的灭火级别的一个单位值。

图 2-1-5　灭火器的灭火级别

2.灭火性能

（1）A 类火

标识有适用于 A 类火的灭火器，20 ℃时灭 A 类火的最小灭火级别不应小于表 2-1-1 的规定。

表 2-1-1　灭 A 类火灭火器的最小灭火级别

干粉/kg	水基型/L	洁净气体/kg	最小灭火级别
1、2	2、3	1、2、4、6	1A
3、4	6、9	—	2A
5、6	—	—	3A
8、9	—	—	4A
12	—	—	6A

（2）B 类火

标识有适用于 B 类火的灭火器，20 ℃时灭 B 类火的最小灭火级别不应小于表 2-1-2 的规定。灭火器在最低使用温度时灭 B 类火的性能，应能灭比所标识级别小两个级别的 B 类火。

表 2-1-2　灭 B 类火灭火器的最小灭火级别

干粉/kg	洁净气体/kg	二氧化碳/kg	水基型/L	最小灭火级别
1、2	1、2	2、3	—	21B
3	4	5	—	34B
4	6	7	2、3、6	55B
5、6	—	—	9	89B
8、9、12	—	—	—	144B

（3）C 类火

C 类火没有级别大小之分，只有标识能灭 B 类火的干粉灭火器才可以标识适用于灭 C 类火。

（4）D 类火

D 类火没有级别大小之分。标识有适用于 D 类火的灭火器，应说明所适用的可燃金属品种、能扑灭的模型火，并应通过相关灭火试验，灭火试验应确保人员及环境安全。

适用于其他类型火的灭火器，不适用于 D 类火；适用于 D 类火的灭火器，通常使用专门的灭火剂及结构，亦不适用于其他类型火。

D 类火的灭火器仅适用于所标识的可燃金属品种，且仅适用于初起火灾；不适用于未标识的可燃金属品种。

（5）F 类火

标识有适用于 F 类火的灭火器，最小灭火级别不应小于表 2-1-3 的规定。

表 2-1-3 灭 F 类火灭火器的最小灭火级别

水基型/L	最小灭火级别
2、3	5F
6	25F
9	40F

（6）E 类火

标识有适用于 A 类火或 F 类火的水基型灭火器,应具有电绝缘性能,并标识适用于 E 类火。干粉灭火器、二氧化碳灭火器、洁净气体灭火器可标识适用于 E 类火。

2.灭火性能试验

A 类火火火试验中,1A 是将 72 根木条(500 mm×39 mm×39 mm)分 6 层堆放在金属支架上,上下层木条成直角排列,每层的木条间隔均匀,在其金属支架下方的正方形金属制的引燃盘内,倒入燃油点燃,使木垛燃烧。木垛燃烧至其质量减少到原来量的 53% ~ 57%时,使用灭火器将火灭掉,观察 10 min 而不复燃,则代表此灭火器具备 1A 灭火能力。

B 类火灭火试验模型由油盘(用钢板制成)内放入燃油和水或只放入极性溶剂构成。例如 8B,是将 8 L 燃料体积(水为 1/3,正庚烷或车用汽油为 2/3;或全部为异丙醇)倒入特制油盘(面积近似 0.25 m²,不同燃料体积油盘面积不同)内点燃,预燃 60 s 后开始使用灭火器灭火,10 s 内能够将火灭掉,则代表此灭火器具备 8B 灭火能力。

F 类火灭火试验模型是由金属盘和食用植物油构成的。例如 25F,用合适的加热源加热试验油盘中的 25 L 植物油,使其在 3.5 h 内发生自燃。油盘不能加盖,避免点燃油蒸气。自燃后,关闭热源,并让油自由燃烧 2 min,预燃结束后,按灭火器标志上生产商推荐的最近距离,从油盘的一侧喷射,使灭火器阀门保持最大开启状态,并连续喷射将火灭掉,则代表此灭火器具备 25F 灭火能力。

3.灭火级别在灭火中的作用

（1）了解灭火试验中,不同的灭火级别对应实验用燃料的体积数量(见表 2-1-4),建立其所代表灭火能力的概念。A 类火的灭火级别中的数字可以近似代表试验用木条体积份数,而 1 份试验用木条体积大约为 54 m³;B 类火和 F 类火的灭火级别中的数字近似代表试验用燃料的体积数量(L)。

表 2-1-4 不同的灭火级别对应实验用燃料的体积数量

A 类灭火试验		B 类灭火试验		F 类灭火试验	
灭火级别	试验用木条体积	灭火级别	试验用燃料体积	灭火级别	试验用燃料体积
1A	55 m³	21B	21 L	5F	5 L
2A	108 m³	34B	34 L	25F	25 L
3A	161 m³	55B	55 L	40F	40 L
4A	219 m³	89B	89 L		
6A	324 m³	144B	144 L		
10A	542 m³				
15A	814 m³				
20A	1084 m³				

（2）了解各种灭火器的灭火级别，做到心中有数。在灭火中，根据灭火器上标示的灭火级别，来判定现场火灾是否能够扑灭。需要注意的是，灭火试验是由专业人士进行的，普通人使用相同的灭火器可能达不到同样的灭火效果。

（3）明确"小火"概念。"小火"一般是指仅靠单一灭火器就能够灭掉的火灾。不同灭火器的灭火能力有所不同，明确灭火器上面注明的灭火级别，有利于灭火。

（三）灭火器的使用原则

1.正确选择灭火器

不同种类的灭火器适用于不同物质引起的火灾，不同规格的灭火器的灭火能力不同，如果灭火器选择不当，不仅无法扑灭火灾，还可能导致进一步的损伤事故，因此我们应该正确选择灭火器。

2.灭火器一般操作规程

（1）在接近火场前，检查灭火器是否正常可用，确认灭火器的使用性能，对于储压式灭火器，使用前需要注意观察压力表，对于驱动气瓶式灭火器可以在安全距离上进行试喷射；

（2）拔下安全销，从上风保持低姿接近火场；

（3）对准火源根部，压下释放手柄，左右扫射；

（4）撤离火场时，保持喷射姿势，以倒退方式退出火场，并要防止复燃。

3.灭火器使用原则

（1）先确保人员安全，再考虑扑救火灾。

（2）先控制、后扑救。注意不要让小火变大火，然后考虑扑救。

（3）对于复杂的火场，应先扑救周边火，再扑救中心火。

（4）对于上下蔓延的火场，先扑救火场上侧的火，再扑救下侧的火。

（5）扑救火灾从上风开始，逐渐向下风移动。

（四）常见灭火器

IMO 相关指南将手提式灭火器按充装的灭火剂分为干粉灭火器、水型灭火器、泡沫灭火器、二氧化碳灭火器和洁净气体灭火器。国内目前将手提式灭火器按充装的灭火剂分为干粉灭火器、水基型灭火器、二氧化碳灭火器等。

1.干粉灭火器

（1）适用的火灾类型

干粉灭火器按充装干粉类型的不同分为"BC"型、"ABC"型和"D"型。干粉灭火器根据型号主要用于扑救 A 类、B 类、C 类、D 类的初期火灾（小火）。

（2）干粉灭火器的结构

干粉灭火器以液态二氧化碳或氮气作为动力，将灭火器内干粉灭火剂喷出而进行灭火。干粉灭火器由筒体、干粉、瓶头阀、高压氮气、压力表、喷射系统和释放装置等组成（见图 2-1-6）。

图 2-1-6　干粉灭火器

（3）干粉灭火器的使用方法（见图 2-1-7）

①迅速找到并取出灭火器,检查灭火器压力表,确定压力正常后,提到距离火场燃烧处 5 m 左右位置,在室外使用时应站在上风处。使用灭火器前先上下颠倒几次,使灭火器内干粉松动。

②拔去瓶头阀处的保险销。

③低姿接近火源,在距着火点 2 m 左右,一只手握住喷嘴胶管,另一只手用力压下压把,干粉便会从喷嘴喷射出来。

④对准火焰根部左右扫射,并快速平稳向前推进,直至火灾全部被扑灭。

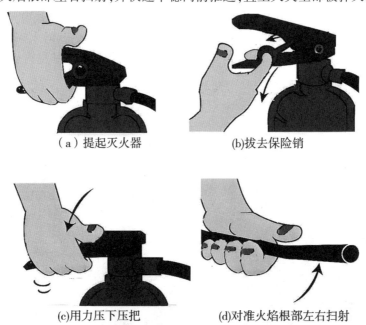

（a）提起灭火器　　　　(b)拔去保险销

(c)用力压下压把　　　　(d)对准火焰根部左右扫射

图 2-1-7　干粉灭火器的使用方法

（4）灭火注意事项

①确认选择的灭火器是否适用于要扑救的火灾,火灾的大小是否处于灭火器的灭火级别之内。

②使用灭火器之前务必确认压力表的指针处在正常状态。

③人员距燃烧物的位置应在有效射程范围内,应逐渐向燃烧物靠近,使干粉始终喷射在火焰根部位置。

④室外灭火时随时注意风向的变化,灭火人员应始终站在上风处。

⑤灭火过程中,灭火器应始终保持直立状态,不能横卧或颠倒使用,否则不能喷粉。

⑥在扑救液体火灾时,不要直接对准液面喷射,以防干粉气流的冲击力使液体飞溅,引起火势扩大。

⑦不能扑救燃烧时能够自身供氧或释放氧的化合物的火灾。如硝酸纤维、过氧化物等的火灾。

⑧不适用于扑救精密仪器设备和贵重电气设备的火灾。因为残存的干粉很难清除干净,会使设备丧失精度或被腐蚀。

⑨不能扑救固体内部存在阴燃的火灾,会引起复燃。

⑩喷射时,干粉飞扬,要防止伤害人员呼吸道。

2.水基型灭火器

水基型灭火器是以水为基础溶剂的灭火器,包括纯水或带添加剂,如湿润剂、增稠剂、阻燃剂、发泡剂、湿化学剂等的水。常见的水基型灭火器包括清水灭火器、泡沫灭火器、水雾灭火器。目前船上广泛使用的是空气泡沫灭火器。空气泡沫灭火器又称机械泡沫灭火器,依靠驱动气体(二氧化碳、氮气)驱动并搅动空气泡沫灭火剂喷射灭火。

(1)空气泡沫灭火器适用的火灾类型

空气泡沫灭火器主要用于扑救 B 类火,也可以用于扑救 A 类初起火灾。其中,抗溶空气泡沫灭火器能够扑救极性溶剂如甲醇、乙醚、丙酮等溶剂引起的火灾。空气泡沫灭火器不能扑救轻金属火灾。标识有适用于 A 类火或 F 类火的水基型灭火器,应具有电绝缘性能,也标识适用于 E 类火。

(2)空气泡沫灭火器的结构

空气泡沫灭火器的结构(见图 2-1-8)包括钢瓶、瓶盖、驱动气瓶、喷射系统和开启机构等。

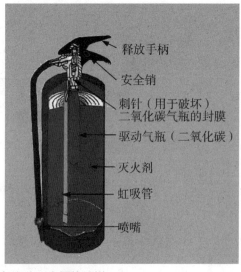

释放手柄

安全销

刺针（用于破坏
二氧化碳气瓶的封膜）

驱动气瓶（二氧化碳）

灭火剂

虹吸管

喷嘴

图 2-1-8　空气泡沫灭火器的结构

（3）空气泡沫灭火器的使用方法

①在使用空气泡沫灭火器灭火时，应手提灭火器的提把迅速赶到火场，在距离起火点5 m左右处，拔出保险销。

②接近火源，距着火点2 m左右处，一只手握住开启压把，另一只手握住喷枪，将灭火器密封筏开启，空气泡沫即从喷枪喷出。泡沫喷出后应对准燃烧最猛烈处喷射。

③如果扑救的是可燃液体火灾，当可燃液体呈流淌状燃烧时，喷射的泡沫应由远而近地覆盖在燃烧液体上。

④当可燃液体在容器中燃烧时，应将泡沫喷射在容器的内壁上，使泡沫沿内壁淌入覆盖可燃液体表面。应避免将泡沫直接喷射在可燃液体表面上，以防止射流的冲击力将可燃液体冲出容器而扩大燃烧范围，增大灭火难度。

⑤灭火时，使用者应随着喷射距离的缩小，逐渐向燃烧处靠近，并始终让泡沫喷射在燃烧物上，直至将火扑灭。在使用过程中，使用者应一直紧握开启压把，不能松开。

（4）灭火注意事项

①确认选择的灭火器是否适用预扑救的火灾，火灾的大小是否处于灭火器的灭火性能之内。

②使用灭火器之前务必确认压力表的指针是否处在正常状态。

③不能将灭火器倒置或横卧使用，否则会中断喷射。

④使用者应逐渐向燃烧物靠近，使泡沫始终喷射在燃烧处。

⑤室外灭火时随时注意风向的变化，灭火人员应始终站在上风处。

⑥使用泡沫灭火器时，不能同时使用水，因为水会破坏泡沫层。

⑦扑救普通固体火灾时，要防止复燃，因为泡沫不能扑救普通固体内部的火灾。彻底扑救固体火灾必须辅以喷水。

⑧泡沫灭火剂施放于可燃物的表面时应具有一定的厚度。

3.二氧化碳灭火器

（1）适用的火灾类型

适用于以下初起火灾：扑救图书、贵重设备、精密仪器的火灾；扑救B类火灾；扑救C类火灾；扑救E类火灾（1 000 V以下带电设备的火灾）（见图2-1-9）。

图2-1-9　二氧化碳灭火器适用的火灾类型

（2）二氧化碳灭火器的结构

二氧化碳灭火器（见图2-1-10）多为手提式，主要由瓶体、喷射装置和开关装置等组成。瓶内装有液化二氧化碳。开启机构由压把和压杆组成。开启时压下压把，压杆就会下移,推动密封阀芯脱离密封座,使二氧化碳释放出来。松开压把,阀芯则会在弹簧和内部压力的作用下自动复位而关闭。所以,这种开启机构是手动开启、自动关闭型,可随开随关,反复使用。

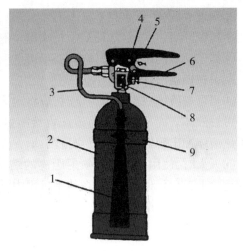

图 2-1-10 二氧化碳灭火器结构

1—喷筒;2—钢瓶;3—喷管;4—插销；5—压把;6—提把;7—安全阀;8—启闭阀;9—卡带

（3）二氧化碳灭火器的使用方法（见图 2-1-11）

①在使用二氧化碳灭火器灭火时,应竖直提着手柄,先将灭火器提到距燃烧物 5 m 左右的地方,然后放下灭火器。对没有喷射软管的二氧化碳灭火器应翘起喷筒,将喷管口对准燃烧物。

②拆下铅封,拔下安全销。

③站到距着火点 2 m 左右,尽可能站在上风位置。

④一只手握住喇叭筒根部的手柄,把喷筒对准火焰根部;另一只手紧握启闭阀的压把,打开开关压下压把后,二氧化碳气体即自行喷出。

⑤手握喷管手柄即可调整喷射方向。

⑥当扑救流散流体火灾时,应使二氧化碳射流由近而远向火焰喷射,如果燃烧面积较大,操作者可左右摆动喷筒,直至把火扑灭。

⑦当扑救容器内火灾时,操作者应从容器上部的一侧向容器内喷射,但不要使二氧化碳高速气流直吹液面,以免将可燃物冲出容器而扩大火灾。

⑧停用时,将压住压把的手放松,灭火器即自行关闭。

图 2-1-11 二氧化碳灭火器的使用方法

（4）灭火注意事项

①灭火器在喷射过程中应保持直立状态,切不可平放或颠倒使用。

②液态二氧化碳与人体接触时,由于迅速汽化吸热,有可能对皮肤造成冻伤。当不戴防护手套时,不要用裸手直接握喷筒或金属管(见图2-1-12)。

图 2-1-12　防止冻伤

③室外使用灭火器时,应选择上风方向喷射。在室外大风条件下使用时,由于喷射出的二氧化碳被风吹散,灭火效果很差。

④在狭小的室内空间使用时,灭火后操作者应迅速撤离,以防窒息而发生意外。

⑤用二氧化碳扑灭室内火灾后,进入舱室前应先打开门窗通风,然后再进入,以防窒息。

⑥船舶居住区内不允许存放二氧化碳灭火器,以防二氧化碳泄漏造成舱室内的二氧化碳过高而发生意外。

⑦利用二氧化碳扑救普通固体火灾,由于其不能渗透到可燃固体内部,所以无法对可燃固体内部的阴燃火灾起作用。因此利用二氧化碳扑救可燃固体火灾时,必须尽快喷水才能见效。

⑧利用二氧化碳扑救可燃液体火灾时,需要注意不能将二氧化碳直接喷射到液体表面,以免冲击液面,造成火灾蔓延。

⑨能自行供氧的化学药品火灾,如硝酸纤维、火药等,不能用二氧化碳扑救。

⑩活泼金属及其氢化物的火灾,如锂、钠、钾、镁、铝等,不能用二氧化碳扑救。

⑪能自行分解的化学物质火灾,如某些过氧化物等,不能用二氧化碳扑救。

⑫纤维物内部的阴燃火灾,不能用二氧化碳扑救。

第二节 灭火操作

一、使用灭火器扑灭小火灾

（一）扑救电气火

使用灭火器扑救电气火时，应：

1.立即关闭电源开关。灭火前应先将电源切断，减小火势扩大的风险。切记不要在设备上直接切断电源，而是使用紧急断电装置或备用开关，以确保切断电源的安全性。在特殊情况下，扑救带电电气设备火灾，必须做好防触电措施，并使用不导电的灭火剂。

2.选择合适的灭火器材。对于船舶电气火灾，最好的灭火剂就是二氧化碳；如果不考虑灭火剂的后续影响，也可使用干粉灭火剂。

3.遵照灭火器材的正确使用方法进行操作。利用二氧化碳灭火器扑救时，喷嘴距火焰应保持适宜距离，但要注意，灭火器距离带电设备不应小于 1 m。

4.注意自身的安全。在进行灭火时，要避免烟气中毒及身体烧伤等危险。

5.灭火后应认真检查。当确认火源已完全熄灭时，才能打开门窗通风，排除烟雾，一定要防止复燃风险。

（二）扑救油类火

1.使用泡沫灭火器扑救油类火

油类火属于可燃液体火灾，最适宜的灭火剂是泡沫，所以扑救油类火应首先选择泡沫灭火器。使用泡沫灭火器扑救油类火时，应：

（1）先将泡沫灭火器平稳地提到现场。

（2）启动泡沫灭火器，遵照灭火器材的正确使用方法进行操作。

（3）将泡沫喷向火源附近的立面或者是从火源的上风侧开始均匀布设泡沫层，向下风侧平推，让泡沫平稳地全部覆盖燃烧液表面，使火焰熄灭。

（4）灭火后要注意防止复燃，因为手提灭火器容量小，往往会出现表面扑灭后一段时间火又复燃的现象。

2.使用干粉灭火器扑救油类火

除泡沫灭火器外，干粉灭火器也可扑救油类火。扑灭在压力作用下喷射出的油类火（喷射火）应首选干粉灭火器。干粉灭火器扑救油类火时需要注意：

（1）在扑救油类火时，应从上风侧对准火焰根部左右扫射，快速向前推进，将余火全部扑灭。

(2)在扑救容器内火灾时,应注意不要把喷嘴直接对准液面喷射,以防干粉气流的冲击力使油液飞溅,扩大火势,加大灭火难度。

(三)扑救丙烷火

(1)开启通风设备。如果火灾发生在封闭空间内,应立即开启通风设备,尽快排除火情区域内的有害气体,避免扩散。

(2)关闭丙烷气源。在确保自身安全的情况下,尝试关闭丙烷气源,避免继续供气导致火灾加剧。

(3)选择合适的灭火器材。丙烷火属于气体火,最适宜的灭火剂是干粉灭火剂。所以扑救小型丙烷火或者类似火灾时,应该选择干粉灭火器。将灭火器竖直提至火场。

(4)遵照灭火器材的正确使用方法进行操作。灭火喷射时,应保持喷嘴与火焰表面平行,灭火时应由上风侧开始,逐渐向下风侧推进,直至火焰完全熄灭。室外施放时应站在上风侧施放。

(5)避免发生二次事故。火灾扑灭后,应及时对丙烷气的容器、管道等设施进行检查,避免发生二次事故。

二、用水扑灭较大火灾

(一)水灭火系统

船舶水灭火系统由消防泵、消防总管、消防管、消火栓、消防水带、消防水枪、国际通岸接头和应急消防泵等组成。

(二)水带小组的组成

水带小组通常由3人组成。

(1)1号水枪手是水带小组的关键人员,灭火负责人在现场不能履行指挥水带小组的职责时,水枪手代其指挥。水枪手应熟悉船舶结构,能准确判断火势,并能及时根据火势给出正确命令。在代行指挥职责时,水枪手必须认真观察火场的变化,并根据火场变化调整并控制水枪的喷射角度和水流形式,保证将水流喷射到燃烧物体上。

(2)2号辅助人员位于水枪手的后面,承受80%的水枪后坐力,并根据水枪手的命令移动水带。

(3)3号辅助人员位于2号辅助人员后面合适位置,承担配合1号水枪手和2号辅助人员快速移动水带的任务。

(三)消防水带的展开与连接

消防水带有两种存放方式:转盘式和卷盘式。在用水灭火时,应在消火栓打开之前,把水带展开,水枪连接好。

(1)转盘式水带:首先打开水带箱门,将水枪与水带连接好,并将水带向前铺设,直至将水带全部拉出;之后将水带连接到消火栓上供水。

(2)卷盘式水带:用右手的拇指及食指捏住消防水带最外圈(接头朝前),其余3个手指钩住第 3、4 圈消防水带,左脚在前、右脚在后、身体适度前倾,先将消防水带向后摆动(摆幅不宜过大),接着向前抛出消防水带即可。抛出消防水带时,拇指及食指始终捏住最外两圈消防水带,而其余 3 个手指自然地松开,双层消防水带会沿着直线滚向前方。将下层的接头留在原地,拿着上层的接头向前跑约 20 m 处。消防水带展开后,必须保持平整顺畅的状态,不能发生扭劲现象。如果用两条水带供水,用同样的方式将另一条水带铺设好后和第一条水带连接,再将水带两端分别与消火栓、水枪连接。

(四)灭火操作

(1)启动消防泵,将消防水带展开并连接好。

(2)水带小组人员进入"战斗"位。

①通常,2 号与 3 号辅助人员要和 1 号水枪手在水带同侧站好。2 号辅助人员和水枪手的间距保持在 0.5 m,3 号与 2 号辅助人员的间距,根据实际情况调整,原则上保持水带小组成员之间的水带不接触甲板或者尽可能少接触甲板。这样的安排便于水带的快速移动和操作水枪。

②扑救室内或生活区附近发生的火灾时,1 号水枪手应站在可以利用墙角、门或其他结构作为保护屏障的一侧;在扑救开敞甲板火灾时,对站位没有明确要求。

(3)水枪手命令开阀后供应消防水,先使用水雾接近着火点。

(4)当着火点在水柱射程范围内,则可使用水柱扑救 A 类火灾。

(5)水枪手根据灭火需要给出正确命令。

①水枪小组的常用指挥口令包括:前进、后退、向左、向右、蹲下、举高。除此之外,还包括立射、跪射和肩射等(见图 2-2-1)。

②水枪小组每次前进的距离为半步,也就是水带小组每个人每次移动都是前脚向前移动半步,后脚跟上,后脚不能超越前脚,类似于火场搜救的"曳步而行"。

③灭火过程应根据火场的实际情况和需要,随时进行充实水流(直流水)、窄水雾、宽水雾的转换。

图 2-2-1　射水姿势

(五)灭火注意事项

(1)一般情况下不能用水扑救带电设备的火灾,也不能扑救可燃粉尘(面粉、煤粉等)聚集处的火灾。

（2）非水溶性可燃、易燃液体的火灾，原则上不能用水扑救。由于大部分石油产品都不溶于水，而且比重比水轻，会浮在水面上，所以不能用水流直接射向油料去扑救油料火灾。原油、重油着火可以用雾状水扑救。

（3）不能用水扑救与水反应能够产生可燃气体、容易引起爆炸的物质着火。如水能与电石、钾、钠等化学物质发生强烈的反应，发生爆炸或产生可燃气体，因此，用水不但不能扑灭这类物质的火灾，反而会助长火势，扩大燃烧面积。

（4）在铁水或钢水未冷却时也不能用水扑救，因为水在熔化的铁水或钢水的高温作用下，会迅速蒸发并分解出氢气和氧气，容易发生爆炸。

（5）储存大量浓硫酸、浓硝酸、盐酸的场所发生的火灾，不能用充实水流（直流水）扑救，以免引起酸液发热飞溅。在紧急情况下，也只宜用雾状水扑救。

（6）使用大量水扑救船舶火灾时，会影响船舶的稳性和强度，如不及时矫正会产生船舶倾覆的危险。

（7）消防人员应听从现场指挥，队员之间保持沟通和配合，步调一致、行动迅速和准确。

（8）进入舱室内灭火时，应穿消防员装备品，包括配戴自给式呼吸器。

第三节 进入高倍泡沫和有烟气舱室的行动

一、进入高倍泡沫的舱室

（一）高倍泡沫

高倍泡沫是一种机械空气泡沫，它是将水和高倍数泡沫灭火剂通过一定的方式按设定的容积比例均匀混合，然后利用发生器鼓入大量空气发泡而成的。凭借发泡量大这一优势，尽管高倍数泡沫的热稳定性稍差，泡沫易遭火焰破坏且室外使用易受自然风的影响，但单位时间内泡沫生成量远远大于泡沫破坏量，能迅速充满燃烧空间，将火灾扑灭。高倍泡沫作为固定泡沫灭火系统主要在液货船上用于保护机舱和货油泵间等。

（二）进入高倍泡沫的危险

机器处所、货泵舱、车辆处所、滚装处所和特种处所等被保护处所内设有视觉和听觉报警，在高倍泡沫灭火系统释放时能发出警告。报警持续时间能满足撤离该处所所需的时间，并且不少于 20 s。泡沫会以至少 1 m/min 的速度增高，很快能覆盖舱室内的通道。进入和通过高倍泡沫存在危险，主要包括：

（1）人员进入高倍泡沫后，可能会因为照明不足和钢结构的变化，无法确定自己位置而迷失方向。

（2）人员进入充满高倍泡沫舱室中视觉会受到影响。特别是在船舶失电、没有照明的情况下，即使应急照明设备正常工作，照明灯光也可能受到泡沫层的遮挡。这使人员在舱内行走变得很困难，特别是在通过梯道、地面上障碍物等区域时。

（3）高倍泡沫会影响进入人员的听力，使其无法判断甚至根本无法听到周边的声音，包括船舶疏散信号、警告以及求救信号。

（4）高倍泡沫灭火系统分为内部空气成泡系统和外部空气成泡系统。如果船舶使用内部空气成泡系统，当舱室起火有浓烟雾时，舱室可能缺氧，气泡内会存有烟气，气泡的空隙也可能充满燃烧的产物，这些都会对进入舱室的船员造成伤害；如果船舶使用外部空气成泡系统，从理论上讲气泡内的气体能够支持进入或受困人员呼吸，但舱室同样可能缺氧，气泡的空隙也同样可能充满燃烧的产物。

（5）如果在泡沫灭火系统释放前没有确定火灾位置，当大量高倍泡沫进入失火舱室后会更加无法确定火灾位置。

（6）泡沫系统释放后，虽然火灾的蔓延得到遏制，但热量依然存在于泡沫层下。如果泡沫覆盖层因人员的进入而使燃烧物再次与进入的新鲜空气重新发生氧化反应，可能会造成火灾复燃。

（7）船舶机舱和泵舱发生火灾后会有油类泄漏。泄漏的油与高倍泡沫中的少量水分混合会使地板表面变得非常光滑。

（三）使用救生索但不配戴呼吸器进入和通过已喷注了高倍泡沫的舱室

现场指挥人员应充分了解上述危险并做出准确评估。如果经评估可以进入火灾现场，通常采取双人进出方法。进入人员应熟悉舱室的结构、所有的进出口、连接通道、撤离路线及通信设备和救生索的使用等。确保舱室上部挡火闸、门和其他适当的开口在发生火灾时保持开启，舱室充满泡沫时可以进行通风（采用内部空气成泡系统 500 m³ 以下的处所除外）。

STCW 公约要求开展"使用救生索但不配戴呼吸器进入和通过已喷注了高倍泡沫的舱室"的训练，但根据 FSS 要求，重新进入已喷注了高倍泡沫的舱室，执行应急操作或救助被困人员时，应戴自给式呼吸器，以防止空气中缺氧和泡沫覆盖层中夹杂燃烧产物。因此应尽可能避免不配戴呼吸器进入和通过已喷注了高倍泡沫的舱室。如因特殊原因，使用救生索但不配戴呼吸器进入和通过高倍泡沫覆盖区，人员也尽可能不要进入泡沫淹没区（人的头部被覆盖住）。如若进入高倍泡沫覆盖区，可按下列程序操作：

（1）确认舱室内高倍数泡沫气泡中和未被高倍数泡沫覆盖的空气质量，能够满足呼吸要求。

（2）人员穿戴个人保护设备（安全帽、手套、工作服、防护口罩等），腰间系好救生索，进入通过舱室。在舱室门外留有一人，控制救生索的松放。进入舱室人员的动作要领如下：

①由于原有的地面被泡沫覆盖，看不见地面上通道，所以在其上面行走时应该格外小心，注意台阶和障碍物，应试探行走，重心在后脚。

②通过深度到达腰部的泡沫覆盖区域时，还应用手前后拨开泡沫，辅助前进。

③通过深度到达胸部以上的泡沫覆盖区域时，应防止细小泡沫进入呼吸系统，可戴

口罩或使用毛巾掩住口鼻位置(见图2-3-1),保持呼吸顺畅;如果没有防护物,可将手张开,护住口鼻,并根据呼吸的感觉调整指缝间距,以便让泡沫在指缝处破裂,使其中的空气进入呼吸道,维持呼吸。同时应防止泡沫液进入眼睛。

(3)如发现泡沫中气体含有烟气成分,应紧急退出舱室,确保人员安全。

图2-3-1 人员在泡沫中

(4)使用定向通过(搜救)方法。定向通过(搜救)方法分为左手定向和右手定向。定向通过(搜救)方法是搜救队员进入高倍泡沫区域,沿着高倍泡沫舱室的左(右)舱壁行走(爬行),始终保持舱壁的位置在你左手(右手)边,用舱壁作为前进方向的参照物。用上述方法直到穿越完成。

二、戴自给式呼吸器进入有烟气的围蔽处所灭火

(一)灭火风险

1.烟气对人有害

烟气中存有的有毒气体,会造成人员中毒,应使用自给式呼吸器;烟气温度高,会伤及人的皮肤,应穿着防护服。

2.有轰燃(flashover)危险

起初室内局部的、燃烧面积很小、强度相对较小的燃烧将扩展至室内整个空间,室内所有的可燃物都开始剧烈的燃烧。在很短的时间内,室内燃烧的热释放率剧烈增大,室内烟气的温度也随之升高(见图2-3-2)。

图2-3-2 轰燃现象

3.有回燃(backdraft)的危险

回燃是在通风受限的舱室火灾进入缺氧燃烧甚至闷烧后,由于新鲜空气的突然大量补充而引起热烟气急剧燃烧的现象(见图2-3-3)。由于回燃火灾的突然性及其强大的破坏性,给消防人员的扑救工作带来了极大的危险,严重威胁着他们的生命安全。

图 2-3-3 回燃现象

4.有沸腾液体膨胀蒸汽爆炸(bleve)的危险

当容器内所装的液体温度超过其正常沸点并且容器在压力下严重破裂时,沸腾液体扩展为沸腾液体膨胀蒸汽爆炸(简称为蒸汽爆炸)就会发生(见图2-3-4)。容器破裂后,其内部压力立即降低到大气压值,过热状态的液体迅速沸腾,产生大量的蒸汽。如果容器内装的是可燃物质,就会燃烧并产生巨大的火球,如液化气罐爆炸。

图 2-3-4 蒸汽爆炸

(二)灭火操作

舱室内的火灾存在着诸多不确定性因素,扑救前应该弄清舱室内的火灾情况,确认舱室内的明火是何种物质着火,它所属的火灾类别,选择合适灭火设备,具体操作如下:

1.确定着火点

生活区和机舱着火如果能够看到明火,则可基本确定着火点位置;如果失火区域充满浓烟,则需要消防员大致明确着火点位置。最直接的判断依据就是舱室门的情况。准备进舱的灭火人员应该认真观察,如果能够观察到下面任何一样标志,就可判断着火点位于该舱室(见图2-3-5)。

①门是否变形。在火场高温作用下门很容易变形。船舶上的门密封性很好,正常情况下,门缝隙不应该有烟雾冒出,如果观察到门缝隙有烟雾冒出,则说明是高温已使门变形。

②门上油漆变化。如果门上的油漆变色或起泡,则说明室内的温度很高。

③门板和舱壁的温度。消防员用手背直接去感觉门板和舱壁的温度,判断室内的温度。

图 2-3-5 确定火场位置

2.开门

在确定着火点位置后,如果判断室内温度不高,则消防员可以进入火场,切勿贸然开门探查,以免开门后大量新鲜空气进入后发生回燃现象,造成人员受伤和火灾的蔓延,这时必须采用安全的进门方法。船舶水密门和防火门通常开关方向不一致,所以开门的注意事项也不相同。

(1)打开水密门

水密门通常为外开门。穿戴好消防装备的消防员接近水密门,按序打开把手。先打开门的铰链侧把手,再打开对侧把手;同侧把手按照先上后下,最后中间的顺序打开。当剩下最后一个把手时,将小臂紧贴在门上,两腿前后分开,身体倚靠在门上,用双手轻轻打开把手,并慢慢打开水密门(见图 2-3-6)。

(2)打开防火门

防火门多为内开门。开门前先在门把手上固定一根绳索(绳索由专人控制)。开门人员轻轻拧开门把手,并慢慢开门。如果发现有回燃危险,控制绳索的人员则通过拉绳索快速关门。

图 2-3-6 打开水密门姿势

3.扑救

无论是打开水密门还是防火门,开门前都应该布置好水带,将消防水带和水枪与消防管系连接好,供应消防水。通常布置两条水带,操作时人员均应保持蹲姿,并将水枪调成水雾状态,做好随时喷射准备。

对于空间较小的舱室,可以用一根水带扑救灭火,另一根水带起防护作用。扑救灭火的水带可以布置在铰链对侧,防护水带布置在铰链侧。开门后,扑救火灾的水带用水雾封住门缝,并随着门缝开口的增大向天花板喷射水雾,降温后在水雾的掩护下,开门低姿进入失火舱室,进行扑救。

对于空间大的舱室,可能需要两条水带同时进行灭火。此时,应该将主攻水带布置在铰链侧,防护水带布置在对侧。随着门缝开口的增大,防护水带封住门缝,主攻水带在防护水带的保护下进入失火舱室。之后,两条水带均进入火场进行火灾扑救。

舱内有烟雾时应低姿接近着火点,根据需要采取不同的射水技术。

人员应始终保持出口和燃烧区之间位置安全,不能因避免火势蔓延至出口附近而将出口堵住,使消防人员处于危险境地。因火势太大和一些原因限制或影响灭火时,比如消防人员的呼吸器故障或气瓶内的氧气不足、消防水供应有问题等,消防人员应及时撤出火场。撤出时,消防人员为监视火势及蔓延趋势,应面向着火点后退。

4.射水应用

射水应用主要包括直接应用(direct application)、间接应用(indirect application)和烟雾冷却应用(smoke-cooling application)3种方式。

直接应用的目的是通过使用充实水流(直流水)或散射水对燃烧的可燃物进行直接表面冷却来抑制和扑灭火灾(见图2-3-7)。一般主要在火势发展中或火势减弱时使用此方法。选择充实水流(直流水)或散射水模式,以适应燃料或表面积。根据燃料和通风条件调整移动速率,以最大限度地减少或最大化空气流动。根据现场情况、通风条件调整射水方式,如果舱室在攻击点对面没有通风,则直接采用不间断的模式作用于燃烧的燃料。如果舱室在攻击点对面有通风口,则从远处以O、T、Z或n模式操纵水枪(见图2-3-8),并调整出水速度以适应火势。

图2-3-7　直接应用

间接应用是通过产生大量蒸汽来抑制火灾(见图2-3-9)。具有对舱室气体和冷却燃烧表面的联合作用,除将氧气排除在舱室之外,还可将烟雾控制到其可燃范围以下。间接应用通常在火灾全面发展阶段或抑制可能存在的轰燃或回燃风险时使用。间接应用根据舱室的几何形状使用较窄的水流夹角(30°~60°),以O、T、Z或n模式操纵水枪,将大量水滴射入热烟气中,最大限度地提高蒸汽产量。

烟雾冷却应用是通过细水雾冷却和稀释易燃气体,减少和控制烟雾的可燃性和辐射,从而防止火灾气体达到其自燃温度,直到水有效地应用于火源。烟雾冷却技术用于

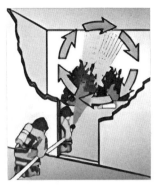  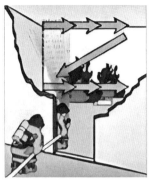

图 2-3-8 O、T、Z 模式操纵水枪

图 2-3-9 间接应用

消防员在灭火期间或进行搜索和救援时控制火灾环境。烟雾冷却包括短脉冲烟雾冷却和长脉冲烟雾冷却。消防员调整水枪水雾角度以及打开和关闭喷嘴的持续时间是为了让水枪作用到更远的距离。

短脉冲烟雾冷却(smoke cooling-short pulse):一旦烟雾从皮龙水上方或周围逸出,就可以使用短脉冲烟雾冷却,它还用于稀释和冷却可能存在点燃风险的烟雾。短脉冲通过使用足够的流量和压力来获得有效的液滴尺寸。喷雾角使用 30°~60° 的水流夹角。喷嘴只需一个快速动作即可完成打开与闭合。消防员瞄准上空 45° 角方向,射水进入上层(见图 2-3-10)。所有舱室内消防行动(包括搜救)都需要一定程度的烟雾冷却,因为所有火灾都会产生易燃的火气。烟雾冷却的频率和持续时间取决于火势的强度和烟气的浓度。

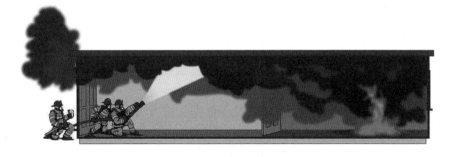

图 2-3-10 短脉冲烟雾冷却

长脉冲烟雾冷却(smoke cooling-long pulse):当有大量烟雾和/或舱室尺寸需要更大的穿透力时,应使用长脉冲烟雾冷却。长脉冲通过使用足够的流量和压力来获得有效

的液滴尺寸。喷雾角使用 30°~45°锥角（比短脉冲窄），打开喷嘴 1~2 s,消防员瞄准前方的上层射水（见图 2-3-11）。长脉冲烟雾冷却在大多数火灾中至关重要,如走廊里充满了厨房火灾产生的热烟,可以通过瞄准良好的长脉冲快速冷却。

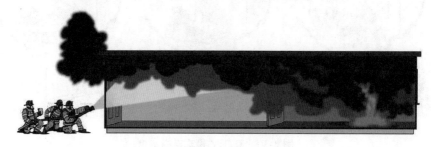

图 2-3-11　长脉冲烟雾冷却

第四节　机舱灭火

一、机舱内灭火及注意事项

　　机舱是船舶上发生火灾最多的处所,起火原因较多。火灾初期是小火,不能及时处置或处置不当会发展成大火灾,甚至造成船舶的全损。机舱内火灾因设备和位置不同及火势大小不同,采取灭火方法或措施也不尽相同,需要指挥人员和现场人员审时度势,快速做出决策以免贻误时机。机舱内灭火应注意以下事项:

(一)准确判断火灾

　　首先,判断火灾种类和大小,选用合适的灭火设备,展开火灾扑救。

　　1.对于小火灾,先报警,根据火灾位置及其性质,及时地、迅速地选用手提式灭火器或推车式灭火器扑救。

　　2.对于大火灾,报警后,全体船员按照船舶应变部署迅速展开扑救,切断通往火灾部位的燃油供应,采用机舱局部水喷淋系统或固定式水灭火系统(使用水雾水枪),对火灾部位展开扑救。

　　3.如因舱内烟雾浓或温度高,消防人员不能进行有效灭火,应示警并及时撤出所有人员(清点人数),封闭机舱,切断所有油路,关闭通风系统及进出口,使用固定二氧化碳系统扑救。

(二)确保人员安全

　　在整个灭火过程中,船长和现场指挥应确保机舱内人员的安全,正确使用消防员装备和消防设备。如火势增大难以扑救,在使用固定二氧化碳系统扑救之前应示警,并撤出舱内所有人员。

(三)做好"隔离"工作

在火灾初期,做好燃油和通风的控制、电气设备的控制以及机舱内危险化学品防护(清洗主、辅机用的化学药剂),有利于灭火。在火灾发展阶段,关闭相关燃油的阀、通风系统及进出口、释放压缩空气瓶的高压空气等,避免火灾蔓延或快速扩大。

(四)熟悉紧急撤离路线

保证机舱内紧急撤离路线的畅通,舱内所有人员应熟悉撤离路线。

(五)熟悉机舱内各设备火灾的特点

机舱设备众多,灭火人员应了解各设备的火灾特点,诸如主机的曲轴箱火灾、扫气箱火灾和燃油系统的火灾;集控室内电气设备和设施火灾;燃油锅炉、废气锅炉的火灾。在保证扑救火灾的前提下,应减少因灭火操作失误造成设备损失或损坏。

二、使用水雾或其他任何适用灭火剂在起火和冒出浓烟的住舱或模拟的机舱中灭火

(一)使用水雾或其他任何适用灭火剂在起火和冒出浓烟的住舱中灭火

1.两人一组,穿戴好消防员装备和呼吸器及救生索,建立通信联络。
2.将消防水带和水枪与消防管系连接好,供应消防水。
3.使用水雾冷却舱室门。
4.将门开小缝,向室内顶部注入水雾,降温后,将门开大,进入舱室内对准燃烧位置灭火,直至火灾扑灭。

(二)使用水雾或其他任何适用灭火剂在起火和冒出浓烟的模拟的机舱中灭火

1.两人一组,穿戴好消防员装备和呼吸器及救生索,建立通信联络,进入机舱。
2.进入机舱后,将消防水带等连接好,注意下梯道应倒向下(见图2-4-1),接近火点时快速灭火。如难以控制,应使用机舱二氧化碳灭火系统,即发出释放二氧化碳警报,撤出所有人员,清点人数,关闭通风装置和燃油速闭阀。
3.打开释放总阀和分配阀,释放二氧化碳遥控装置,将二氧化碳注入机舱。
4.监视火场情况,包括温度、烟雾的变化,直至火灾扑灭。

三、使用水雾喷头和散射水枪、干粉或泡沫装置扑灭油火

对于小型油类火灾可以直接使用手提式灭火器进行扑救,具体参见本章第二节内容。下面介绍时较大油类火灾的扑救。

图 2-4-1　从舱内楼梯向下的姿势

（一）用水扑救油类火

1.使用雾状水流

这里使用的水是雾状水流而非充实水流(直流水)。细密的雾状水流喷射覆盖到油层上,能够吸收大量的热,一方面可以使油层降温;另一方面在火源上方形成一层蒸汽,可以降低油火上方的空气含氧量,将火源和空气隔离开。水流雾化得越好,灭火效果越明显。

2.判断火势大小

根据火势大小,选择采用一条或两条水带进行扑救。用两条水带实施大型油类火场扑救时,用一条水带灭火,另一条水带防护或协助扑救。

3.正确灭火操作

两人一组连接好消防水带和水雾水枪,供应消防水,将消防水雾枪对准起火点,形成水雾散射,罩住火灾位置(见图 2-4-2);然后逐渐接近燃烧区,使用消防水雾枪左右扫射,根据需要及时调整水枪的出水状态,发挥其最佳灭火作用,直到将火灭掉。

4.保持沟通和配合

消防人员应保持沟通和配合,步调一致,行动迅速而准确。

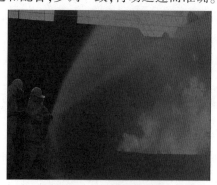

图 2-4-2　水雾扑救油火

（二）水雾加泡沫扑救油类火

这里将水雾作为移动屏障使用,水雾主要起防护作用,在水雾的防护下,将泡沫灭火剂散布到燃烧的油面上,并不是将水雾和泡沫同时都散布到燃烧的油面上。

1.将便携式泡沫装置(见图2-4-3)准备好,也可用手提式灭火器或推车式泡沫灭火设备(见图2-4-4)或者固定泡沫管线,并将泡沫喷灭火装置通过软管连到相关设备上。

图 2-4-3　便携式泡沫装置　　　　图 2-4-4　推车式泡沫灭火设备

2.出动两个消防水带小组。两个消防水带小组分别将两个消火栓连好两条消防水带。其中一条消防水带连好两用水枪,另一条消防水带连在泡沫喷枪上。

3.启动消防泵,给固定水系统供水。同时两个消防小组的各组人员,按照规定站好位置。

4.两个消防水带小组分别打开两个消火栓,给水带供水。

5.水枪手将水枪调成宽水雾状态,负责泡沫喷枪的人员做好随时喷射的准备。

6.当到达适当距离后,泡沫喷枪开始喷射泡沫。泡沫一定要形成连续稳定的泡沫层。

(1)使用推车式泡沫灭火器扑救火灾时,应将泡沫灭火设备推到火场附近,将喷射管快速拉直,喷嘴对准起火点,辅助人员打开释放阀,展开扑救。

(2)使用便携式泡沫装置扑救火灾时,先检查桶内泡沫液是否足量,将泡沫液容器背起和携带泡沫枪,到达现场附近,处于失火部位的上风位置,应快速将消防水带两端分别与消火栓和泡沫枪连接好,喷嘴对准起火点区域,打开消火栓供应消防水,等出水后打开泡沫液容器上的阀门,靠泡沫枪内部的"真空效应"吸入泡沫液与水混合形成泡沫喷出,调整泡沫枪的喷射角度和喷射距离,将泡沫平稳地覆盖到火区范围。泡沫布放方式如下(见图2-4-5):

①反弹布放

这是最好的布放方式。将泡沫喷射到火场附近的垂直舱壁或障碍物直立面上,泡沫液沿直立面自然流淌蔓延,在燃烧的液面上形成一定厚度的覆盖层,将火扑灭。

②滚动布放

调整泡沫枪的喷射角度,将泡沫液喷射至燃烧物前方的地面或甲板上,依靠泡沫撞击地面的力量使泡沫向前滚动堆积,泡沫流淌到燃烧液面上,不断向前推进,形成稳定连续的泡沫层,覆盖整个燃烧液面,将火扑灭。

③降落布放

灭火人员调整泡沫枪的仰角至合适角度,对准燃烧液面上部,使泡沫流达到其最大高度,形成小水滴状像雨滴一样落下,形成稳定连续的泡沫层覆盖整个燃烧区域。此种方式能够非常快速和有效地将火压制住和扑灭。但是,当室外大风天气或燃烧液面范围大、伴有上升烟气柱时,此种方式效果不是很有效。

扑救火灾时,切勿将泡沫枪直接对准燃烧液面喷射,否则泡沫液流的高压可能会将燃烧液体冲散而造成火灾蔓延,也会使原有泡沫液层冲散,可燃蒸汽被释放,火焰重新被点燃。

(a)反弹布放   (b)降落布放   (c)滚动布放

图 2-4-5   泡沫的三种布放方式

7.当火灾被扑灭后,两个消防水带小组同时撤离火场。撤离时,两个消防水带小组都需要面对火场撤离,不可以背对火场撤离。同时水枪小组继续喷射宽水雾,泡沫小组调整喷枪的喷射角度,保证泡沫源源不断地喷射到油面上。最后,两个消防水带小组撤离到安全距离内,并在确认火灾被扑灭后,拆除水带,清理设备。

注意:如果需要,可以使用两条消防水带和一个可携式泡沫灭火装置来扑救油类火。

（三）干粉加水雾扑救油类火

这里水雾同样作为移动屏障使用,主要起防护作用。

1.出动两个消防水带小组。准备一个干粉灭火装置,可以是干粉灭火器,也可以是推车式干粉灭火设备。

2.两个消防水带小组分别在两个消火栓上连接两条消防水带并连接两用水枪。

3.启动消防泵,给固定式水灭火系统供水。同时两个消防水带小组的成员按照规定位置站好。

4.两个消防水带小组分别打开两个消火栓,给水带供水。

5.两个消防水带小组将水枪调成宽水雾状态,灭火人员携带或推动干粉装置,在两个水枪中间,随水枪同时前进,并做好随时喷射的准备。两个消防水带小组在现场指挥的指挥下接近火场。

6.当接近适当距离后,启动干粉灭火装置开始喷射干粉灭火。手提干粉灭火器扑救火灾方法见前面一节内容,推车式干粉灭火器扑救火灾方法是:

(1)将灭火器推到起火地点,保证灭火器正对火场并保持安全距离。

(2)一人迅速打开喷粉软管转盘,使喷粉软管完全展开,紧握喷枪对准燃烧处。

(3)另一人则迅速拔下保险销,提起拉环,使干粉药剂喷出,对准起火点的根部,左右扫射并快速向前推进,将火完全扑灭。

7.当火灾被扑救后,两个消防水带小组和干粉操作人员同时撤离火场。撤离时,两个消防水带小组都需要面对火场撤离,不可以背对火场撤离。同时水枪小组继续喷射宽水雾。最后,两个消防水带小组撤离到安全距离内,并在确认火灾被扑灭后,拆除水带,清理设备。

第五节　火场救助

一、消防员装备的使用

1.空气呼吸器的基本组成

空气呼吸器主要由全面罩、供给阀、快速接头、气瓶、气瓶阀、瓶带组、背托、肩带、腰带组、报警哨、压力表、减压阀、高压导管和中压导管等组成(见图2-5-1)。

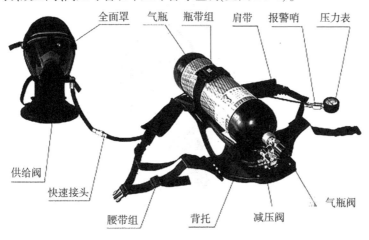

图 2-5-1　空气呼吸器

2.使用前的检查、准备工作

(1)检查气瓶内的气量

连接快速接头,打开气瓶阀,查看气瓶的压力表显示是否正常。

(2)检查面罩的气密性

将手掌贴在面罩的供气阀连接口上;深吸气后屏住呼吸几秒钟,这时如果面罩贴在脸上不动并能保持一段时间,证明没有泄漏;如果面罩滑动则说明有泄漏,需要调整面罩头带后,重新测漏,直至不漏为止。

(3)检查中压软管的气密性

将呼吸面罩接到中压软管上,然后打开空气瓶的瓶头阀,观察压力表,压力表的读数应不低于28 MPa。然后将空气瓶的瓶头阀关闭，再继续观察一段时间（不同品牌观察时间不同），如果压力表读数基本不变，则说明中压软管的气密性符合要求。

（4）检查余压报警装置的性能

检查完中压软管的气密性后，可以打开供气阀，或者将面罩罩在脸上轻轻呼吸，当压力表的读数降到5.5±0.5 MPa时，可以听到余压报警装置的报警声音。

（5）准备好消防员防护服（防护衣、手套、皮靴、头盔）和安全灯及防火绳。

3.消防员装备的佩戴和使用（见图2-5-2）

（1）穿好衣裤。先穿消防员个人装备中的裤子，穿好裤子后调整肩带；然后穿上隔热靴，并拉上裤子拉链；裤管套在鞋筒上，扎紧裤口；最后穿上消防员个人装备中的上衣，并拉上拉链。

（2）背戴气瓶。通常有过肩式和交叉穿衣式两种方法。过肩式方法使用较普遍：将呼吸器的瓶头阀向上放置于平地上，调整好肩带；两手肘部撑开肩带，两手握住背托，将气瓶举过头顶，并从后背滑下。之后通过肩带调节气瓶的上下位置和松紧，直到感觉舒适为止。连接腰带卡扣，然后将左右两侧的伸缩带向后拉紧，确保扣牢。最后，将供气阀上的接口对准面罩插口，用力往上推，当听到咔嚓声时，即安装完毕。

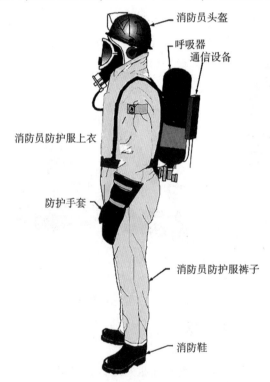

消防员头盔
呼吸器
通信设备
消防员防护服上衣
防护手套
消防员防护服裤子
消防鞋

图2-5-2　消防员装备的穿戴

（3）开瓶头阀。顺时针转动瓶头阀，将阀打开至少两圈以上。

（4）戴面罩。将面罩的上调整带子放松，拉开面罩头网；把面罩置于脸上，然后将头网从头部的上前方后下方拉下，由上向下将面罩戴在头上；调整面罩位置，收紧下端的两根颈带，最后收紧上端的两根头带。

（5）戴好头盔,戴上手套后扎紧袖口。

（6）打开供气阀,深呼吸,感觉呼吸是否顺畅。

（7）系好耐火救生绳。

（8）戴好安全灯和消防斧。

二、戴自给式呼吸装置在有烟气的处所中内实施救助

（一）实施救助注意事项

1.应尽可能选用熟悉处所情况的船员,进入前对舱内情况进行预判,决定是否可以进入。应选择相对安全路线进入。

2.船员能熟练使用空气呼吸器,穿戴消防员装备,携带和正确使用手持式照明灯、安全绳、消防斧、无线对讲机等设备,不能单独行动,必须两人一组。

3.进入舱室之前,确定好救助与搜索方向与线路。

4.进入舱室之前,与舱外人员确立好联络信号,包括使用安全索的联系信号。

5.进入有烟气的处所,因烟雾大视线不好,必须遵循安全搜救方法。

（二）火场中搜救方法

1.在火场中搜救,先搜索门后,接着按顺时针或逆时针方向搜索舱壁四周（先危险地点,后安全地点）,最后搜索舱室中央（做数次横越搜索）。

2.曳步前行:将身体重心放在后脚,前脚掌沿地面（不要离开地面）试探向前,确认安全后再将后脚移到前脚位置（不要超过前脚）,始终坚持前脚前移。这样的行动可以探查到脚下障碍物和危险,比如凸出地面的钉子、台阶、倒塌的物件等。

3.探火队员的空手应保持在他的面部前 30~40 cm,手背朝前,微微弯向自身,上下慢速移动确保头部和面部不能碰到障碍物;手背向前的好处是当碰到尖锐物体、炽热或带电物体时,不是抓住而是立即闪开。

4.在烟雾中,靠近地面的空气温度低,尽量低姿前行,手脚动作参考2.和3.。由于底部烟雾少、能见度高,可以在远处发现被困人员或火源。

5.下台阶时,应后退前行,防止面部受热烘烤,手要更牢固地抓住栏杆等固定物。

6.确认通过舱门后,门不能突然关闭,以免退路被断绝。

7.同行者待在一起,并与外界保持联络。

（三）寻找被困人员方法

1.询问知情人。了解被困人员的基本情况、地点等,确定抢救被困人员的途径和方法。

2.主动呼喊。搜救人员可向可能有被困人员的燃烧区喊话,唤起被困人员的反应,以便迅速抢救。

3.查看。借助所带的照明工具,认真（搜索）查看被困人员可能藏身的部位。

4.细听。注意倾听被困人员的呼救声,以及喘息、呻吟和响动声等,辨别他们所处的位置。

5.触摸。在喊话、查看、细听的同时，可手持探棒在可能有被困人员的地点、部位触摸、搜寻。

（四）转运受伤人员的方法

当在火场搜索中发现受伤人员，可采用适当的搬运方法，将其救离现场。在搬运伤员之前，必须了解伤员的受伤种类和严重程度，选用最佳的转运方法。

1.单人搬运法

单人搬运法包括扶行法、抱持法和背负法。背负法不适用于穿着呼吸器的搜救人员使用；抱持法适用于搬运体重轻、伤病较轻或只有手足部骨折的伤病员，救护者蹲在伤员一侧，用一只手托其背部，另一只手托其大腿，将伤员抱起，对于神志清醒的伤员，可让其用一只手抱着救护者的颈项部（见图2-5-3）。

(a)扶行法　　　　　　　　(b)抱持法　　　　　　　　(c)背负法

图 2-5-3　单人搬运法

2.双人搬运法

双人搬运法包括椅托式、轿杠式和拉车式。椅托式和轿杠式适用于搬运无脊柱、骨盆及大腿骨折，能用双手或单手抓住救护者的伤员；拉车式适用于在狭窄空间搬运无脊柱、四肢，骨盆骨折、意识不清的伤员，或用于将伤员移上椅子、担架等。

（1）椅托式

两救护者面对面站立，各自伸出相对的一只手并互相握紧对方手腕，救护者蹲下，伤员的两手分别从两名救护者的颈后绕到肩前，然后坐到救护者紧握的手上；救护者各自的另一只手在伤员后背交叉，并抓住伤员腰背部的衣物同时站起行走（见图2-5-4）。

图 2-5-4　双人椅托式

（2）轿扛式

两名救护者面对面站立,先用一只手握住自己的另一个手腕,然后再握住对方的手腕;救护者蹲下,伤员的两只手分别从救护者的颈后绕到肩前,然后坐到救护者紧握的手上,两名救护者同时站立行走(见图 2-5-5)。

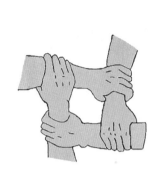

图 2-5-5　双人轿扛式

（3）拉车式

扶伤员坐起,将伤员的双臂屈曲横放于胸前;一名救护者在伤员背后蹲下,双手经伤员的腋下,分别抓紧伤员对侧手臂;另一名救护者蹲在伤员两腿之间,双手抓紧伤员膝关节下方;两名救护者同时站起行走(见图 2-5-6)。

图 2-5-6　双人拉车式

3.担架搬运方法

船上常用的是帆布折叠担架和罗伯逊担架(见图 2-5-7)。

图 2-5-7　帆布折叠担架和罗伯逊担架

帆布折叠担架适用于一般伤员的搬运,不宜转运脊柱损伤的伤员。一人负责抬起受困人员身体的上部,另一人负责抬起受困人员的腰部和双腿。搜救人员在受困人员的左侧或右侧将担架展开并摆放平稳，两人同时位于受困人员的另一侧，用手臂分别托起受困人员的肩部、背部、腰部和双腿。两人准备就绪后，同时用力托起受困人员的身体，平移到担架上方，将受困人员平放在担架上并固定。然后搜救人员抬起担架沿着撤离路线撤出，直至受困人员被转移到舱室外部的安全地点(见图 2-5-8)。

图 2-5-8 　一般伤员的担架搬运

　　罗伯逊担架体积小、软硬适中，可折叠，便于携带，担架上附有固定伤员头、躯干和四肢的安全带，能将伤员牢固地包裹起来，可安全灵活地进行抬、拖、吊等搬运，方便用于将伤者从通道、门或舱口太小而无法使用普通担架的空间进行转移(见图 2-5-9)。

图 2-5-9 　罗伯逊担架的使用

第三章

精通救生艇筏和救助艇

第一节 救生筏的存放装置

气胀式救生筏存放方便,操作简单,维修保养工作量少,能保证应急使用时的效果,因此在船上得到了广泛的配备和使用。

一、抛投式救生筏的存放装置

根据公约要求,每只救生筏的存放应将其首缆牢固地系在船上,每只救生筏或救生筏组的存放应设有一个符合《LSA 规则》要求的自由漂浮装置,以使每只救生筏能自由漂浮,如气胀式救生筏,在船舶下沉时应能自动充气。救生筏的存放应能通过手动方式,一次将 1 只筏或容器从其系固装置上释放。目前船上常见救生筏存放架主要有斜筏架和平筏架,也有少数船配有翻架式筏架。

(一)斜筏架

斜筏架的特点是使用时只要松脱救生筏系固索具,救生筏能在不需要人工抬起的情况下依靠自身重力沿着筏架斜坡自动滑落海中,操作简单、快捷,可靠性高,目前在船舶普遍使用,缺点是安装不便。通常可将重量≤185 kg 的救生筏安装在平筏架上,使用时须用抬起或推出的方法将救生筏抛入海中。对于重量>185 kg 的抛投式救生筏,为了满足 SOLAS 公约第Ⅲ章第 16 条的规定,"存放方式为可在纵倾至 10°和任何一舷横倾至 20°的不利情况下直接从存放地点降落下水",救生筏会安装在斜筏架上。

斜筏架的型式较多,国内分类为抛投式(AD 型和 AC 型)(见图 3-1-1)、层叠式(B型)(见图 3-1-2)和排抛式(C 型)(见图 3-1-3)等,层叠式和排抛式多用于客船等乘员较多的船舶。(AD 型为 A 型短臂倒杆筏架,AC 型为 A 型长臂倒杆筏架,倒杆长度为 1 200 mm。)

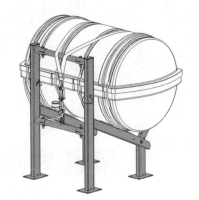

图 3-1-1　斜筏架——抛投式

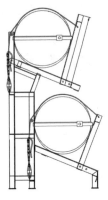

图 3-1-2　斜筏架——层叠式

图 3-1-3　斜筏架——排抛式

（二）平筏架

　　救生筏水平安放在平筏架上，通过系固索具和静水压力释放器将救生筏容器牢固地固定在船上。平筏架的特点是安装方便，筏架与存放筒的接触面积大，存放筒不容易变形，存放架的结构型式保证了救生筏存放的稳定性。其缺点是抛投不方便，在人工施放时，一般需要将救生筏抬起来再推出筏架，然后抛投到海面使救生筏充胀成型，这种方式相对费时、费力。

　　平筏架在国内分类为吊座式（D 型）（见图 3-1-4），国内外生产商更多称其为水平式，目前船上使用的平筏架多为支托型（见图 3-1-5）和 C 型（见图 3-1-6），这两个型号的平筏架可以说就是吊座式的改良版。层叠式的平筏架（见图 3-1-7）主要用于客船配备机械吊放式救生筏降落装置使用。

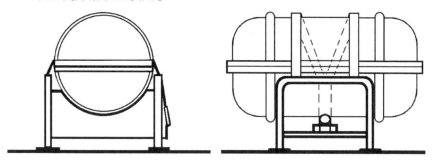

图 3-1-4 平筏架——吊座式

图 3-1-5 平筏架——支托型

图 3-1-6 平筏架——C 型

图 3-1-7 平筏架——层叠式

（三）翻架式存放架

在靠近舷边的底座上，铰接安装一个可以向舷外倾倒的翻架，固定救生筏容器的索具一边系接在翻架上，从筏的容器上向下拉到静水压力释放器上固定。在人工施放时，先解开固定索具，再拉起翻架向舷外倾倒，形成一个使救生筏容器向舷外滚动的滑道，救生筏顺着滑道降放到水面充胀成型（见图 3-1-8）。

图 3-1-8　翻架式存放架

二、机械吊放式救生筏的存放

机械吊放式救生筏通常是组合堆放式固定存放的（见图 3-1-9）。机械吊放式救生筏的吊筏架是一种单臂可旋转移动的施放装置，借助机械动力可以进行救生筏降放和回收。吊臂向舷外或舷内的旋转运动靠机械动力和人力都可以进行。救生筏的吊升和降落依靠机械动力。

三、救生筏存放注意事项

（一）SOLAS 公约对救生筏存放的一般要求

1.救生筏或其存放装置不会妨碍存放在任何其他降落站的任何其他救生艇筏或救助艇的操作。

2.救生筏应持续处于准备就绪状态，使 2 名船员能在不到 5 min 内完成登乘和降落准备工作。

3.每只救生筏的存放应将其首缆牢固地系在船上。

4.每只救生筏或救生筏组的存放应设有一个符合《LSA 规则》4.1.6 要求的自由漂浮装置，以使每只救生筏能自由漂浮，如气胀式，救生筏在船舶下沉时能自动充气。

5.救生筏的存放应能用手动方式，一次将 1 只筏或容器从其系固装置上释放。

6.吊艇架降落的救生筏应存放在吊筏钩可到达的范围内，除非设有某种转移设施，该设施在规则所规定的纵倾和横倾范围内不致无法操作，也不致因船舶运动或动力故障而无法操作。

图 3-1-9　机械吊放式救生筏的存放

（二）救生筏存放的几个常见问题

1.气胀式救生筏被额外绳索永久性绑扎,无法满足其处于随时可用状态的要求。

一些船员担心救生筏在遇到大风浪天气时会丢失,就用绳子将救生筏绑住(见图 3-1-10),这样直接影响救生筏的使用,给应急施放带来困难。更严重的是如果船舶沉没来不及施放救生筏,救生筏又因为被绑扎而无法脱离筏架自动充气,导致救生筏自动释放功能无法实现。

图 3-1-10　不可以用绳子将救生筏永久性绑扎

2.多只抛投式救生筏存放在一起不能满足一次释放 1 只救生筏的要求。

图 3-1-11(a)所示为在同一存放架存放的多只抛投式救生筏。其手动施放时救生筏会同时抛落入海,落入海中后会互相碰撞、损坏。

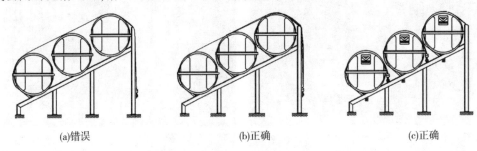

(a)错误　　　　　　　　(b)正确　　　　　　　　(c)正确

图 3-1-11　多只抛投式救生筏存放在一起

图 3-1-11(b)采用救生筏组概念,即"每个救生筏组的存放设有一个静水压力释放",多个救生筏通过多套系固索具和滑钩连接到一个静水压力释放器,每个救生筏首缆通过一根易断绳连接到救生筏静水压力释放器。

图 3-1-11(c)中每组筏架分隔栏杆下方选择一个合适位置安装一个静水压力释放器,每个救生筏系固索具及静水压力释放器固定各自的救生筏,彼此不影响。

3.存在妨碍救生筏自动释放后自由上浮水面的障碍。

救生筏存放在两层甲板之间,不满足救生筏自由漂浮的要求。在这种情况下,应将救生筏移至其他合适位置,或者装设导向杆以满足要求(见图 3-1-12)。

图 3-1-12　妨碍救生筏自动释放后自由上浮水面的障碍可以装设导向杆

4.救生筏无须剪除的绑扎带被剪除,需要剪除的绑扎带未剪除。

不能剪除的绑扎带被剪除后,救生筏上下壳体不能扣紧,雨水、海浪容易进入救生筏体内,腐蚀筏体以及内部属具,甚至抛投施放救生筏时其内部属具会散落,自由释放时会导致救生筏失去浮力。而需要剪除的运输绑扎带如果没有剪除,则可能导致救生筏抛投入海后,筏体充气后无法绷断绑扎带(或是救生筏容器被绷裂,裂开的壳体将割破或刺破筏体,导致救生筏失效)(见图 3-1-13)。

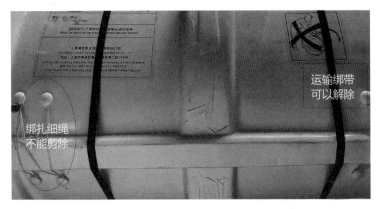

图 3-1-13　无须剪除的绑扎带不能剪除,需要剪除的绑扎带则必须剪除

第二节 静水压力释放器

一、《LSA 规则》对静水压力释放器的要求

自由漂浮装置中使用静水压力释放器者,则该脱开装置应:

1.采用兼容的材料制成,以防止该装置发生故障。不得采用在静水压力释放器的部件上镀锌或其他形式的金属镀层。

2.在水深不超过 4 m 处,自动脱开救生筏。

3.设有在该装置处在正常位置时防止水分聚积在静水压力室内的泄水器。

4.当海浪拍击时,其结构应不致脱开。

5.在其外部应耐久性地标明其型号与出厂号。

6.该装置上应永久地标明或附有产品铭牌,说明其制造日期、型号与出厂号,以及该装置是否能适用于容量 25 人以上的救生筏。

7.每件连接首缆系统的部件的强度应不小于对首缆所要求的强度。

8.如果该装置是一次性的,则标有确定其有效期的方法,可以代替上述第 6 条中的要求。

二、两种常见静水压力释放器

静水压力释放器是当船迅速沉没,救生筏无法及时从筏架释放并与船舶同时沉入水下时,在受到一定的水压后,即可将救生筏自动释放的设备。一般应在不超过 4 m 水深时静水压力释放器能自动脱开。静水压力释放器也可以通过拉动快速释放滑钩进行人工施放操作。

目前船上使用的静水压力释放器主要为压力膜片式(见图 3-2-1)和刀片切割式(见

图 3-2-2)两种形式。前者为金属制,可重复使用;后者为工程塑料制,只能一次性使用。

图 3-2-1　压力膜片式　　　图 3-2-2　刀片切割式

(一)压力膜片式静水压力释放器

这里以国内常见的 JSQ-Ⅲ型静水压力释放器为例介绍。

1.压力膜片式静水压力释放器的结构(见图 3-2-3)

吊重环上端连接救生筏的系固索具,下端连接释放滑钩。释放滑钩通过钩环 A 连接释放器内的吊钩。手动施放时拔出释放滑钩上的安全销,滑钩脱开,可释放救生筏。卸扣上端通过钩环 B 连接释放器内的吊钩,下端连接易断绳和救生筏首缆。易断绳的另一端与释放器牢固连接。释放器背面设有多个进水孔,海水进入,可实现释放器吊钩释放动作,解脱吊重环及易断绳卸扣的金属环,救生筏自动释放过程完成。释放器背面还设有一个复位孔,复位顶针插入复位孔可以将解锁的吊钩重新复位。

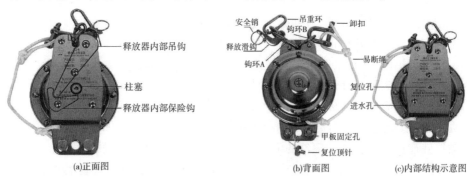

(a)正面图　　　　　　　　　　　(b)背面图　　　　　　(c)内部结构示意图

图 3-2-3　压力膜片式静水压力释放器的结构

2.压力膜片式静水压力释放器的工作原理(见图 3-2-4)

压力膜片式静水压力释放器在构造上设有一个气密的气室,用橡胶膜片密封。另一边为蓄水腔设有进水口,正常情况下,柱塞凸出,卡住保险钩,锁住吊钩。当船舶带着装有静水压力释放器的救生筏向下沉时,海水由进水孔进入蓄水腔,橡胶膜片受到海水压力,压缩密封盖内的弹簧,使气室的橡胶模片推动柱塞内移,同时救生筏连同存放筒在浸没后产生浮力,使吊钩受力而绕轴转动,带动保险钩同时旋转,连接滑钩和吊重环的钩环成功脱开,存放筒上浮。

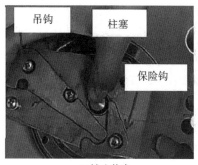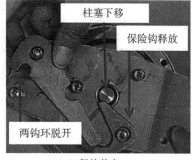

(a)锁止状态　　　　　　　　　　(b)释放状态

图 3-2-4　压力膜片式静水压力释放器的工作原理

3.压力膜片式静水压力释放器的正确安装(见图 3-2-5)

(1)静水压力释放器必须是经船舶检验局检验或经认可的救生筏检修站修过并有船检标记的性能合格的产品,方能装船使用。

(2)通过甲板固定孔用螺栓将静水压力释放器垂直安装在救生筏架的横杆上,铭牌面向舷内,吊钩向上,释放器与横杆的固定必须牢固。

(3)钩环 A 与滑钩连接,钩环 B 与卸扣连接,卸扣上系救生筏首缆及易断绳,易断绳另一端与释放器下部绳孔相连,各绳索端部不应松散并应连接牢靠。

(4)滑钩上如装配安全销,其折角不得大于 30°,便于应急时用手拉出。

(5)固定存放筒用的系固索具应用索具螺旋扣张紧,不得松动。

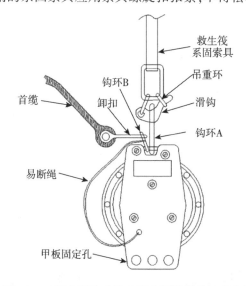

图 3-2-5　压力膜片式静水压力释放器的正确安装

正确连接保证手动施放时上推滑环解脱滑钩后,救生筏系固索具松解,救生筏可以抛投入水;救生筏首缆与释放器连接牢固,能拉动首缆连接的充气拉绳使救生筏充气,救生筏不会漂失。

正确连接保证静水压力释放器自动释放时,释放器的气室浸水因达到设定压力激发而动作,钩环 A 和钩环 B 同时解脱,救生筏系固索具松解,救生筏上浮充气;连接救生筏首缆的卸扣通过薄弱环与牢固连接甲板的释放器相连,易断绳受到一定拉力后断开,救生筏自由漂浮于水面。

4.压力膜片式静水压力释放器的人工复位

压力膜片式静水压力释放器背面设有复位孔,若释放器因非使用原因动作后,应将解锁的吊钩重新人工复位锁住。操作时,将复位顶针插入复位孔,用力将柱塞顶入,使其向内部空间方向移动,然后将保险钩与吊钩分别推至原位,再松开复位顶针,即可实现吊钩的锁牢。复位后应认真确认吊钩是否锁牢。

(二)刀片切割式静水压力释放器

1.刀片切割式静水压力释放器的结构

刀片切割式静水压力释放器主要由释放仓、绳环和薄弱环等组成(见图 3-2-6)。

(1)释放仓:在水下不超过 4 m 时工作,切断绳环。

(2)绳环:顶环连接滑钩,底环连接首缆与甲板。

(3)薄弱环:连接首缆与甲板,在张力达到 2.2±0.4 kN 时会断开。

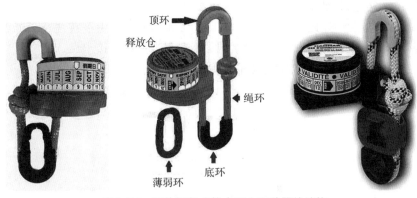

图 3-2-6　刀片切割式静水压力释放器的结构

2.刀片切割式静水压力释放器的工作原理(见图 3-2-7)

刀片切割式静水压力释放器,主要由膜片弹簧、膜片、卡针、刀片弹簧、刀片组成。初始状态下刀片弹簧压缩,舒张的膜片弹簧顶住卡针卡在刀片的卡槽中。

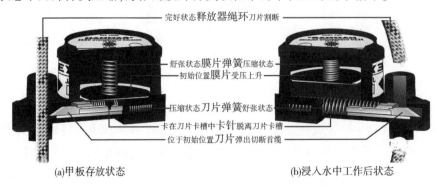

(a)甲板存放状态　　　　(b)浸入水中工作后状态

图 3-2-7　刀片切割式静水压力释放器的工作原理

其工作原理为:水由外部进入静水压力释放器的内部腔室,水压逐渐增大,导致膜片上升,将上方的膜片弹簧顶起压缩,卡住刀片的卡针脱离刀片上的卡槽,从而将刀片释放并切断绳环释放救生筏,随后由于首缆被拉紧将启动救生筏的充气膨胀过程,紧接着薄弱环被拉断,使救生筏完全脱离船体(见图3-2-8)。

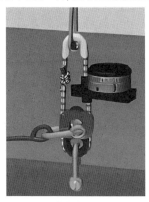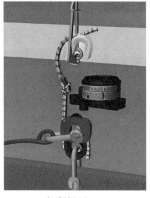

正常状态　　　　　　　　切断绳环　　　　　　　　拉断薄弱环

图 3-2-8　刀片切割式静水压力释放器自动释放过程

3.刀片切割式静水压力释放器的正确安装

(1)释放器绳环的顶环部分通过滑钩与固定救生筏的系固索具相连接,底环部分与薄弱环合并,同时连接两个卸扣,一个卸扣与甲板相连,另一个卸扣与救生筏的首缆相连(见图3-2-9)。

(2)正确连接保证手动施放时上推滑环解脱滑钩后,救生筏系固索具松解,救生筏可以抛投入水;救生筏首缆与甲板连接牢固,能拉动首缆连接的充气拉绳使救生筏充气,救生筏不会漂失。

(3)正确连接保证静水压力释放器自动释放时,释放器释放仓内受水压弹出刀片切断绳环,绳环失去作用,救生筏系固索具松解,救生筏上浮充气;连接救生筏首缆的卸扣和连接甲板的卸扣这时仅通过薄弱环相连,薄弱环受到一定拉力后断开,救生筏自由漂浮于水面。

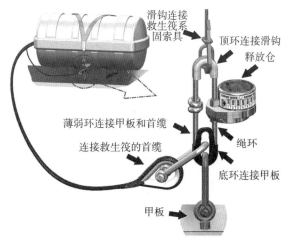

图 3-2-9　刀片切割式静水压力释放器的正确连接

三、静水压力释放器的检修与维护

（一）静水压力释放器的定期检修

SOLAS 公约定义了两种不同类型的静水压力释放器：可自行调换的静水压力器和其他的静水压力器。

1.可自行调换（一次性）的静水压力释放器（刀片切割式），以有效期标注，在其 24 或 30 个月的使用寿命内不需要维护，在此期限之后，应更换它们以确保其可靠的性能。

2.非一次性的静水压力释放器（压力膜片式）应按下列规定检修：

（1）间隔期不超过 12 个月，但在任何情况下都不可行时，主管机关可将此期限延长至 17 个月。

（2）在检修站进行检修，该检修站应胜任检修工作，备有适当的检修设施并仅限受过适当培训的人员使用。

（二）静水压力释放器的日常维护

1.定期检查救生筏首缆与释放器的连接状况，确保其安装状态完好。

2.定期检查静水压力释放器的有效期并在到期前及时更换或检修，以确保救生设备在紧急情况下能够正常运行。

3.保证进水孔畅通无阻，释放器不得涂漆、涂油，以免阻塞进水孔。浸水孔如被堵塞，使海水不能进入静水压力释放器蓄水腔，将导致该救生筏的自由漂浮功能失效。

4.经常注意固定存放筒用系固索具的紧张状态，如发现松动，应及时进行调整。

5.装船使用的释放器平时不得随意手动施放或用顶针推动芯轴。

6.定期检查易断绳磨损、变质情况，如发现不合要求，应及时更换，无论如何，在释放器年度检修时应予换新。

7.不得刺激压力膜片式静水压力释放器的膜片，如发现膜片发黏龟裂、变脆等异常情形，应立即更换。

四、静水压力释放器的错误连接案例

下面是关于静水压力释放器的常见错误连接案例。

（一）Thanner DK84 型静水压力释放器连接示例（见图 3-2-10）

1.图 3-2-10（a）：为正确连接。

2.图 3-2-10（b）：首缆连接正确，但滑钩错误连接到易断绳的卸扣中，虽然手动施放功能正常，但自动释放时滑钩连接易断绳，首缆和筏仍被固定在筏架上，救生筏无法脱离漂浮充气。

3.图 3-2-10（c）：释放器倒置安装，手动施放功能正常，但可能导致自由释放功能失效。

4.图 3-2-10（d）：首缆错误连接在易断绳的中部，手动施放时首缆仅和易断绳相连接,易断绳可能断开导致救生筏漂失。自动释放时首缆和救生筏同时离开船体,救生筏无法自动充气成型。

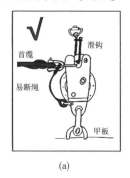

(a) (b) (c) (d)

图 3-2-10　Thanner DK84 型静水压力释放器连接示例

(二)Hammar H20R 型静水压力释放器连接示例(见图 3-2-11)

1.图 3-2-11(a):为正确连接。

2.图 3-2-11(b):首缆连接错误,没有连接到薄弱环中,手动施放功能正常,自动释放时救生筏能够充气成型,但首缆被固定在筏架上,救生筏无法自由漂浮于水面。

3.图 3-2-11(c):首缆错误连接滑钩,手动施放时首缆和救生筏都会同时离开船体,救生筏无法自动充气成型。自动释放时救生筏能够充气成型,但首缆被固定在筏架上,救生筏无法自由漂浮于水面。

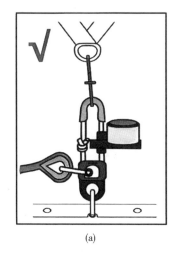
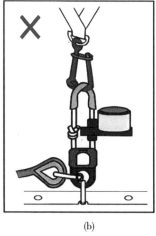
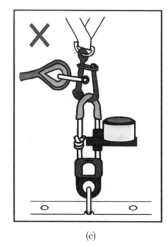

(a) (b) (c)

图 3-2-11　Hammar H20R 型静水压力释放器连接示例

(三)Berwyn MK9 型静水压力释放器连接示例(见图 3-2-12)

1.图 3-2-12(a):为正确连接。

2.图 3-2-12(b):首缆连接正确,但滑钩错误连接到易断绳的钩环中,虽然手动施放功能正常,但自动释放时滑钩连接易断绳,首缆和筏仍被固定在筏架上,救生筏无法脱离漂浮充气。

3.图 3-2-12(c)：做法和图 3-2-12(b)类似,只是在钩环和释放器之间增加了一个卸扣,虽然手动施放功能正常,但自动释放时滑钩连接易断绳,首缆和筏仍被固定在筏架上,救生筏无法脱离漂浮充气。

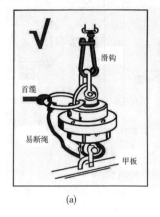

图 3-2-12　Berwyn MK9 型静水压力释放器连接示例

（四）Berwyn MK7 型静水压力释放器连接示例（见图 3-2-13）

1.图 3-2-13(a)：为正确连接。

2.图 3-2-13(b)：首缆连接正确,但滑钩错误连接到易断绳的钩环中,虽然手动施放功能正常,但自动释放时滑钩连接易断绳,首缆和筏仍被固定在筏架上,救生筏无法脱离漂浮充气。

3.图 3-2-13(c)：做法和图 3-2-13(b)类似,只是在钩环和释放器之间增加了一个卸扣,虽然手动施放功能正常,但自动释放时滑钩连接易断绳,首缆和筏仍被固定在筏架上,救生筏无法脱离漂浮充气。

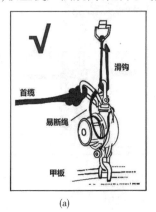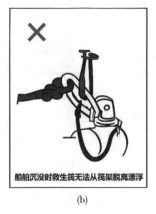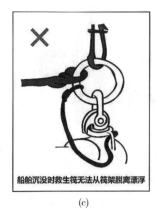

图 3-2-13　Berwyn MK7 型静水压力释放器连接示例

（五）Hammar 型（老款）静水压力释放器连接示例（见图 3-2-14）

1.图 3-2-14(a)：为正确连接。

2.图 3-2-14(b)：连接易断绳的卸扣没有连接到释放器绳环中,而是连接到了滑钩中,手动施放时首缆仅和易断绳相连接,易断绳可能断开导致救生筏漂失。滑钩错误连接到易断绳的钩环中,自动释放时滑钩连接易断绳,首缆和筏仍被固定在筏架上,救生筏无法脱离漂浮充气。

3.图3-2-14(c):首缆错误连接,只通过卸扣连接了易断绳,卸扣没有连接到释放器的绳环中,手动施放时首缆仅和易断绳相连接,易断绳可能断开导致救生筏漂失,救生筏自动释放功能正常。

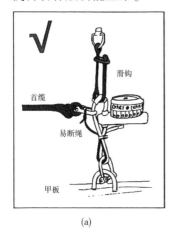
(a)

(b)

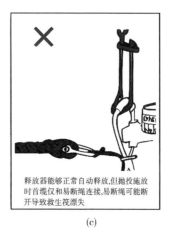
(c)

图 3-2-14　Hammar 型(老款)静水压力释放器连接示例

第三节　救生筏的施放操作

一、手动施放

(一)抛投式救生筏的施放

抛投式救生筏的施放步骤和注意事项如下:

1.不要随意触碰和操作静水压力释放器,更不可以脱开静水压力释放器与船舶的连接(见图3-3-1)。

2.检查救生筏首缆(充气拉索)是否正确且牢固连接。

3.确认救生筏抛投区域水面是否清爽,确保水面无障碍物和漂浮人员。

4.将滑钩上的滑环往上推,脱开滑钩,固定存放筒的系固索具即自行松开。如果滑钩上装有安全销,应先将安全销拉出,再将滑钩上的滑环往上推(见图3-3-2)。

图 3-3-1　不可乱动静水压力释放器

图 3-3-2　解开滑钩

5.斜抛式救生筏会因为自身重力而直接滚落舷外入水。平抛式救生筏如果设置在舷边,由两人抬起抛投入水即可;如果没有设置在舷边,先脱开滑钩,再根据需要确定是否需要解开首缆系固到船舶舷边固定物上,然后由两人将筏抬到舷边抛投入水(见图 3-3-3)。

6.救生筏落水过程会将首缆拉出,拉动充气拉索,救生筏开始充气。

7.如果发现救生筏入水后没有充气,可能是救生筏当时所处位置和水面之间的距离不够,没有拉动充气拉索,这时应在船上用力拉动救生筏首缆,使救生筏开始充气(见图 3-3-4)。

图 3-3-3　平抛式抬起抛投入水

图 3-3-4　拉动救生筏首缆充气

8.救生筏在 1~3 min 内充气成型,这时拉紧首缆将救生筏拉到船舷边固定。

9.待救生筏完全充气成型后人员不要急于登乘,一方面可以防止影响救生筏的浮力;另一方面便于可能逸出的二氧化碳和氮气在人员登乘前飘散。

10.检查确认准备登筏的人员是否携带锋利的物件或带尖的物品,是否穿带钉子或细高跟的硬质皮鞋等,这些物体可能会损坏救生筏表面。

11.人员沿登乘梯或绳索逐个登上救生筏。

12.人员登筏后,用筏内安全小刀割断救生筏首缆,并迅速操纵救生筏离开难船。

13.同一存放架存放的多只抛投式救生筏,例如排抛式和层叠式(见图 3-3-5),不应同时抛投入水,应在前一只救生筏离开后再施放下一只救生筏,防止后下水的救生筏砸坏先下水的救生筏,或者导致救生筏首缆互相缠绕(见图 3-3-6)。

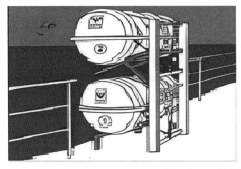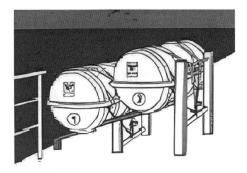

图 3-3-5　排抛式和层叠式救生筏

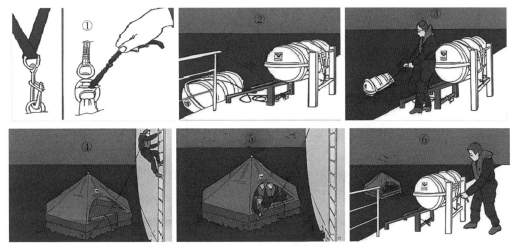

图 3-3-6　排抛式救生筏施放操作

（二）机械吊放式救生筏施放操作

机械吊放式救生筏的充胀成型过程是在登乘甲板舷侧实现的,人员可以直接从甲板登乘救生筏,避免了人员入水后再登筏可能遭遇的危险。机械吊放式救生筏也可以进行抛投式施放(见抛投式救生筏施放方法),也可以借助静水压力释放器释放(见本节"自动释放"内容)。

机械吊放式救生筏降放操作步骤及注意事项如下:

1.打开舷侧栏杆,确认登乘甲板、降放装置旋进(出)的范围无障碍。

2.解脱释放装置的保护和固定索具,将吊臂调整到准备吊挂救生筏的合适位置。

3.打开静水压力释放器上的滑钩,解脱救生筏的系固索具[见图 3-3-7(a)]。

4.将准备释放的救生筏抬到释放装置的吊钩下[见图 3-3-7(b))]。

5.将救生筏存放筒固定索拉出系在船舶两侧栏杆上或登乘甲板的羊角上等待合适的位置,不必系紧[见图 3-3-7(b)]。救生筏存放筒固定索系固在船舶上,在救生筏充气成型时,存放筒被拉住悬在空中,不会掉落砸伤水面上的其他求生者。

6.将首缆固定在船舶舷边固定物上[见图 3-3-7(b)]。

7.打开救生筏侧面风雨密盖板,将救生筏吊环从容器中拉出来[见图 3-3-7(c)]。

8.松放吊筏的快速脱钩到救生筏上方,将筏内吊环挂在吊钩上,确认吊钩处在锁紧位置[见图 3-3-8(a)]。

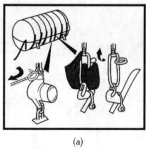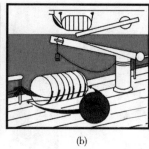

图 3-3-7　机械吊放式救生筏施放操作（一）

9.升吊索使救生筏升起，离开筏架一定高度，能够水平旋转至舷外［见图 3-3-8（b）］。

10.转动吊臂使筏转出舷外，在筏贴近舷侧时，拉动快速释放索让救生筏充气［见图 3-3-8(c)］。现在船舶建造的越来越大，首缆长度达到 30 m 以上，为了便于操作和节约时间，在机械吊放式救生筏上增加了快速释放索。该索的长度一般控制在 6 m 左右。

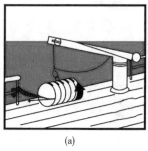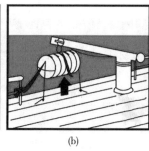

图 3-3-8　机械吊放式救生筏施放操作（二）

11.检查降放救生筏的水面是否有妨碍救生筏降落的漂浮物，是否有漂浮在海上的求生人员。

12.救生筏充胀成型后，将左右收紧索固定在船舶两侧栏杆上或登乘甲板的羊角上等合适的位置［见图 3-3-9(a)］。左右收紧索可以将充气成型的救生筏拉紧贴至登乘甲板边缘，保证人员安全地从船上登上救生筏。适当地调整吊索和左右收紧索，使救生筏紧靠大船舷边，救生筏进出口对着登乘甲板且救生筏浮胎与登乘甲板高度齐平。

13.检查准备登筏的人员是否携带锋利的物件或带尖的物品，是否穿带钉子的或细高跟的硬质皮鞋等，人员按顺序登筏，背靠浮胎，面向筏的中央，围坐在筏的四周，禁止走动，避免发生意外。（也可以直接将救生筏放至水面，人员从登乘梯登筏。）

14.如果吊放多个救生筏，人员登入筏后，甲板操作人员解开筏的收紧索，松放吊索，使救生筏下降至水面［见图 3-3-9(b)］。在全部乘员登入筏内后，筏内人员用救生筏内的属具割断收紧索，拉动遥控释放索，使救生筏下降至水面［见图 3-3-9(c)］。

15.控制救生筏的下降速度，当救生筏距离水面 2 m 左右，筏内的指定人员拉动快速脱钩的拉绳，打开吊钩的保险，这时救生筏并没有脱离吊钩［见图 3-3-9(c)］。当救生筏降落到水面时，由于浮力的作用，吊筏钩不受力使筏与吊钩自动脱开，救生筏入水，操作人员割断缆绳；求生人员通过划桨或由救生艇、救助艇拖带等方式离开船舶。

16.如需要，绞起吊钩，继续吊放下一只救生筏。

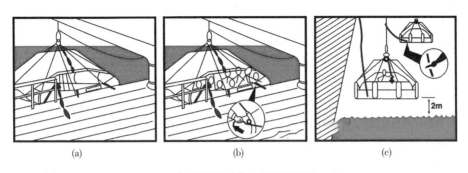

图 3-3-9　机械吊放式救生筏施放操作(三)

图 3-3-10 为机械吊放式救生筏施放操作照片。

图 3-3-10　机械吊放式救生筏施放操作照片

二、自动释放

　　当来不及人工施放救生筏时,可将救生筏存放筒随失事船只下沉。当救生筏存放筒下沉到距水面 2～4 m 时,依靠静水压力释放器可自动释放救生筏,释放动作过程如下:

　　1.救生筏随失事船只一起下沉[见图 3-3-11(a)]。

2.沉船下沉到水深4 m以内,静水压力释放器在水压作用下工作,将救生筏上的系固索具松脱,救生筏开始上浮[见图3-3-11(b)]。

3.随着船舶继续下沉及救生筏的上浮,救生筏首缆(连接充气拉绳)逐渐被抽出并自动启动钢瓶充气阀门,救生筏开始自动充气[见图3-3-11(c)]。

4.利用充胀成型后救生筏的浮力使连接在释放器上的易断绳受力断开,救生筏与沉船脱离,自由漂浮于水面,落水人员即可登筏(见图[3-3-11(d)]。

(a)　　　　　　(b)　　　　　　(c)　　　　　　(d)

图3-3-11　救生筏自动释放过程示意图

三、船首和船尾救生筏施放操作

如从船首最前端或船尾最末端至距离最近的救生艇筏最近一端的水平距离超过100 m,通常这样大型船舶的船头和/或船尾额外配备1只救生筏,且尽量靠前或靠后存放;或额外配备2只救生筏,1只尽量靠前,另1只尽量靠后存放。

一般船首配备的救生筏会牢牢地固定在筏架上,上面不会配备静水压力释放器,但设有一个快速释放装置,可以将筏搬至左右任意一舷(视当时海况决定)施放;其施放方法和上面手动施放方法基本相同。

船尾配备的救生筏和普通救生筏没有区别,施放方法和普通救生筏一样,包括自动释放、抛投降放、使用机械吊放。

第四节　扶正倾覆的救生筏

抛投式救生筏在抛投施放时,有可能在充胀成型的过程中,筏体是倾覆的。出现这种状况后,需要人员穿着救生衣下水扶正倾覆的救生筏。根据《LSA规则》,除了双面可用救生筏,救生筏的强度和稳定性应为能自行扶正,或在风浪中和平静水面均能由一人扶正。

一、扶正倾覆的救生筏动作要领

1.人员接近救生筏,手拉救生筏上下浮胎外侧的扶手绳,游到有充气钢瓶的一侧。

2.人员将有充气钢瓶的一侧拉至下风方向。

3.人员从配有充气钢瓶的一侧(筏体偏低的一侧)爬上筏底。

4.人员两脚蹬在浮胎上,身体尽量向前拉住筏底的扶正带,然后整个身体向后仰坐,同时脚下用力蹬住浮胎,利用个人身体的力量和风力的协助,将倾覆的救生筏扶正(见图3-4-1)。

5.在扶正救生筏的过程中,当筏体与水面接近垂直时,人员应该松开双手,身体后仰,采取仰泳方式迅速游离救生筏,防止被压在救生筏筏底。

图 3-4-1　扶正倾覆的救生筏

二、扶正倾覆的救生筏注意事项

1.如果人员未能及时游开而被压在筏底,也不必惊慌。因为救生筏筏底是柔软和有弹性的,我们可以用双手推开筏底,形成一个"气室",借此机会深吸一口气,然后面部向上,手推脚蹬,就可以游出筏底。如果面部向下游开,救生筏筏底有平衡水袋、扶正带、登筏软梯等,很可能刮住身上的救生衣,使我们难以脱离筏底。

2.游离筏底时,应该从救生筏的两侧游离,避免在救生筏进出口方向游离,防止被登筏软梯套住而遭遇危险。

3.如果一个人无法扶正救生筏,则很可能是篷帐内侧已经充满了不能自行排出的海水。这时可以尝试两个人拉住扶正带扶正。

4.如果仍然不能扶正,则另外安排几个人游到救生筏二氧化碳充气瓶位置相反一侧,在两个人拉住扶正带的同时,这几个人通过向上推动篷帐,使海水流出篷帐,帮助扶正。

第五节 操纵救生筏脱离遇险船舶

为防止因船舶的火灾、爆炸、沉没和水中漂浮物等损坏救生筏，当全部乘员登上救生筏后，应该首先取出存放在救生筏属具袋内的安全小刀，割断与大船相连的缆绳，迅速操纵救生筏驶离遇险船舶一段距离。

救生筏本身没有动力，实现快速远离难船最好的办法是依靠救生艇或救助艇的拖带，如果没有外来的协助，救生筏就需要人员使用筏内所配备的桨和海锚离开遇险船舶。无论哪一种方法，在海上风浪较大时都不易实现，因此应注意观察一下海上的风流方向，如果下风流水域安全，向下风流方向离开难船相对更容易一些。

一、救生艇或救助艇拖带离开

如果有救生艇或救助艇拖带，救生筏上人员要积极做好拖带配合工作。

1.迅速收起水中的海锚和筏底的平衡水袋。

2.接到救生艇或救助艇抛来的缆绳要在救生筏上系牢，防止拖带过程拖缆松脱。

3.大风浪中救生艇或救助艇操纵困难，救生筏上人员应注意观察拖缆，适时提收和松放，防止拖带艇减速时拖缆缠绕螺旋桨（见图3-5-1）。

4.救生筏上无任务人员背靠救生筏浮胎均匀围坐，不可随意走动，防止救生筏在风浪和拖带力作用下倾覆（见图3-5-2）。

图3-5-1　救助艇拖带救生筏　　　　图3-5-2　风浪中的救生筏

二、划桨离开

（一）手划桨组装

在属具袋内，配有两只可浮手划桨。手划桨由桨叶和桨杆两部分组成，一般采用伸缩杆设计，通过拉拽的方式即可实现桨杆的伸长和缩短，将桨杆的长度调整到适合操作的长度时,只需要一只手顺时针、另一只手逆时针同时拧转两部分桨杆,即可完成手划桨的组装(见图 3-5-3)。

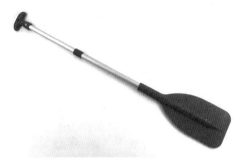

图 3-5-3　手划桨组装

(二)划桨操作

划桨操作前同样要迅速收起水中的海锚和筏底的平衡水袋。

1.划桨动作

(1)在使用可浮手划桨的时候,一只手在上(上手)握住桨杆上端手柄,另一只手在下(下手)握住桨叶上方位置的桨杆(见图 3-5-4)。

(2)下手尽量往前伸,下手肩部往前旋转,桨叶前伸。

(3)保持桨叶和手臂垂直角度入水,这样阻力大,反作用力也大,能够更快操纵救生筏前进。入水深度不要超过全部桨叶,入水太深会导致桨叶出水困难。

(4)划水时身体向前,下手为主,以肩为轴,肘部用力后拉,上手为辅,上下手配合划桨,加大桨叶在水中的行程,提高划桨效率。

图 3-5-4　划桨动作

2.操纵救生筏前进或后退

(1)操纵救生筏前进:无论两名操作人员是分别位于救生筏同一进出口两侧,还是分别位于不同进出口,在前进方向右侧的操作人员应左手为上手,右手为下手;而位于前进方向左侧的操作人员应右手为上手,左手为下手(见图 3-5-4)。

(2)操纵救生筏后退:可以按照划桨动作反向用力操作,但这样的操作难度很大,难以持久,并且效率低,最好的办法还是操纵救生筏快速转向后再操纵救生筏前进。

3.操纵救生筏转向

如果需要操纵救生筏快速转向,则需要两名操作人员采取同样的划桨姿势。如果操纵救生筏向右转向,两名操作人员同为左手为上手,右手为下手;操纵救生筏向左转向,则两名操作人员同为右手为上手,左手为下手(见图3-5-5)。

图3-5-5　操纵救生筏转向

4. 划桨离开难船注意事项

(1)划桨操作前必须收起筏底平衡水袋以减少阻力。通过收放海锚配合划桨会更快离开难船。

(2)划桨操纵救生筏必须有人指挥,协调划桨操作人员,控制救生筏前进或转向,防止两名操作人员动作不协调,导致救生筏原地转圈。

(3)划桨操作体力消耗大,应及时调换操作人员。

三、使用海锚离开

救生筏配备了两只海锚:一只海锚在救生筏充气过程中,会随着救生筏一起布放;另一只海锚在救生筏的属具袋内存放。除使用手划桨可以操纵救生筏离开难船外,求生人员还可以使用救生筏配备的海锚,当然,手划桨配合海锚一起操作效果会更好(见图3-5-6)。

1.救生筏内的求生人员将海锚索的末端与救生筏牢固连接,防止松脱。

2.将布放在水中的海锚收回,边回收边将海锚索盘好握于手中使其易于抛投。

3.将海锚卷起使其形状变小以利于抛投。

4.用力将海锚连同锚索抛向想要移动方向的正前方,等海锚充分展开并灌满水后,在海锚持续受力的情况下快速拉锚索回收海锚,这样救生筏将向着海锚的方向移动。

5.海锚收起后,再向同一方向抛出,这样反复操作就可以操纵救生筏驶离难船。

图3-5-6　用手划桨和海锚配合操纵救生筏前进

第六节 正确使用救生筏的各项设备

根据规定,救生筏应该配备一定的属具和备品(见表1-6-1),以供求生者使用。求生者可以根据情况,使用这些属具备品,以延长生存时间,直至获救。本节重点介绍视觉信号。

一、火箭降落伞火焰信号

火箭降落伞火焰信号有很多种,它们的主要区别在于发射装置不同,比较常见的有压发式和拉发式两种。使用时应注意使用说明,按其要求操作(见图3-6-1)。

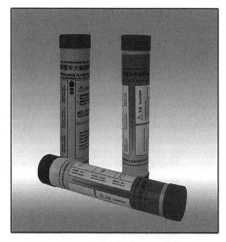

图3-6-1　火箭降落伞火焰信号

拉发式火箭降落伞火焰信号的使用方法:拆下顶盖及底盖,并注意保持外壳上的箭头方向朝上;将降落伞火箭信号下端的拉索取出;用力抓住拉索向下拉动;火箭信号发射出去,达到不低于300 m的高度后射出降落伞火焰,发出明亮红光,具有不小于40 s的燃烧时间,降落伞的降速不大于5 m/s。

发射火箭信号时应特别注意:有些火箭信号在发射时往往会有一段时间的延迟,应尽量用双手握住火箭筒体。但如果击发10 s后火箭还没有发射出去,则应尽快将火箭信号抛入水中,以防发生危险(见图3-6-2)。

二、手持火焰信号

常见的手持火焰信号主要有擦发式、拉发式和击发式3种点燃方式。使用时应按其说明书及图解进行。点燃火焰信号后应注意将信号伸出救生艇、筏下风舷外,并应向下风向倾斜,以防手被火焰烫伤,筏体被烧坏。在正常按操作须知使用时,不用担心会

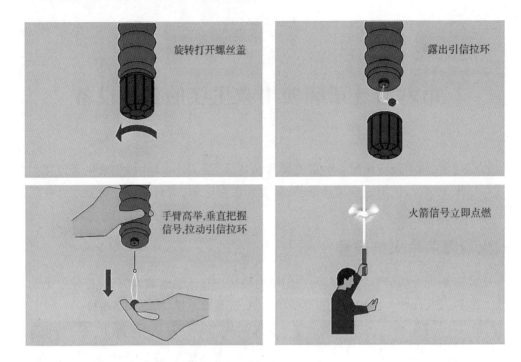

图 3-6-2　拉发式发射火箭降落伞火焰信号

烧到手臂,也不用担心燃烧中的或熄灭的渣滓会危害救生筏。

拉发式手持红光火焰信号的使用方法:通常,打开拉发式手持火焰信号的顶盖或底盖,会露出一个拉环,只要向外猛拉拉环,就可点燃火焰信号;手持火焰信号发出明亮红光,具有不少于 1 min 的燃烧时间(见图 3-6-3)。

 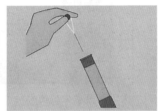 

图 3-6-3　拉发式手持红光火焰信号操作

三、漂浮烟雾信号

漂浮烟雾信号应在白天使用,才能达到引起注意的效果(见图 3-6-4)。

图 3-6-4　漂浮烟雾信号

每个漂浮烟雾信号上都注有使用说明及简明的图解,使用时应按规定的要求操作(见图3-6-5)。首先拆掉塑料密封袋,揭去盖子,露出拉环;然后拉掉拉环,开始引燃发烟;接下来将信号罐抛入下风舷水中或持在手中,信号会喷出鲜明易见颜色的烟雾,持续时间不少于 3 min。

揭去盖子,露出拉环

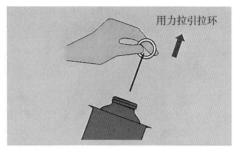
用力拉引拉环

将烟雾信号抛到救生艇下风水面

过一会儿将会发出烟雾

图 3-6-5　漂浮烟雾信号操作

四、日光信号镜

使用日光信号镜光亮平面反射日光,射向船舶或者飞机可以引起驾驶员的注意。

日光信号镜的一角有一个观测孔,围绕观测孔刻有同心圆环及十字线。信号镜和瞄准环配合使用。其使用方法如下(见图3-6-6):

左手拿住信号镜,将观测孔放在眼前,镜子的光亮面对着船舶或飞机,在较远的位置右手拿着瞄准环也对准船舶或飞机,设法通过观测孔和瞄准环的孔看到目标,注意应设法使信号镜观测孔周围的十字线和同心圆的阴影正好落在瞄准环的四周,日光即能准确反射到目标上。

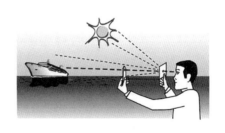

图 3-6-6　使用日光信号镜

除了上述信号外,还可以使用哨笛信号和灯光信号引起注意。比如:杂乱的哨笛声容易引起对方注意(注意:声音在顺风方向可传送到较远的距离);夜晚可利用电筒发射的长短信号发送遇险信号;杂乱的电筒灯光可引起船舶和飞机的注意(见图3-6-7)。

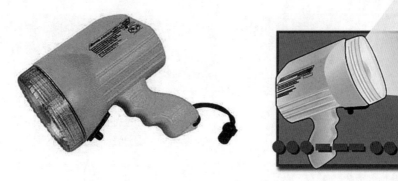

图 3-6-7　灯光信号

第四章

精通快速救助艇

第一节 快速救助艇的基本常识

一、快速救助艇的构造

1.艇体

刚性快速救助艇及混合结构快速救助艇的刚性艇体部分主要是采用阻燃型玻璃纤维增强塑料、手糊工艺成型建造的。艇体分为内、外两层壳体,中间填充了大量聚氨酯泡沫,不仅能提供足够的浮力,还能提高艇体强度和抗沉性能。即使在水线面下的艇体有损坏,浮体仍可提供足够的浮力使艇在水平面上安全漂浮。

2.充气护舷

混合结构快速救助艇在艇首和艇缘处装有 V 形软质充气护舷(也称浮力胎),并通过机械或其他方式与甲板结构相连。软质充气护舷是采用多层特殊材料制成的,其外层是氯磺化聚乙烯橡胶,也称为海帕龙,中间是尼龙或聚酯,内层是氯丁橡胶。海帕龙具有抗龟裂,耐磨,耐气候、紫外线/臭氧等多种优点,是制作混合结构快速救助艇护舷的理想材料。

3.护舷材

刚性快速救助艇的艇体外表面有一圈用闭孔聚乙烯泡沫材料制成的护舷材,其外面包裹一层耐磨的弹性材料。混合结构快速救助艇的护舷外侧粘贴有用黑色橡胶材料制成的防擦条,可以更加有效地降低充气护舷因外界冲击而受到的损伤。

4.甲板和座位

艇内甲板表面及乘员座位表面均采用防滑面设计,确保艇内人员在移动时不致滑倒。为了便于自动排水或快速清除积水,艇尾部装有单向自动排水装置,可以利用在航行时小艇自身产生的倾角,将甲板积水排出艇外,同时亦能防止海水倒灌入艇内。另外,艇内通常装有手摇泵,用于以人工方式排除艇内积水。

5.操纵控制台

在艇中附近装有一个用玻璃纤维增强塑料材料制成的操纵控制台,上面安装了舵轮、发动机转速和挡位操纵手柄、主机仪表板、电源开关、艇内灯具开关、高频电话、罗经等仪器设备。

6.扶正装置

有的艇尾装有刚性或气胀式自扶正装置,在艇遭遇大的风浪造成倾覆时,也可依靠该装置自行恢复到正浮状态。

7.推进装置

在艇尾安装有推进装置。快速救助艇的推进装置主要有下列几种形式:

(1)二冲程或四冲程的舷外机。

(2)艇内柴油机。

图4-1-1为刚性艇体充气式快速救助艇。

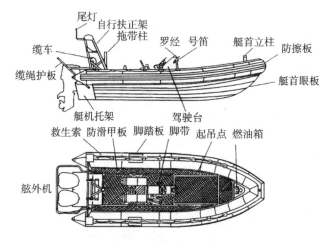

图 4-1-1　刚性艇体充气式快速救助艇

二、快速救助艇上的主要属具及使用方法

(一)属具配备标准

1. 数量足够的可浮桨或手划桨及配套的桨架、桨叉或其他等效装置,用于在平静海面划桨前进或调整航行方向。

2. 可漂浮的水瓢 1 只,用于排除艇内积水。

3. 内装有涂有发光剂或具有适当照明装置的有效罗经 1 具。

4. 海锚 1 个和收锚索(如设) 1 根,配有足够强度的锚索 1 根,其长度不少于 10 m。

5. 足够长度和强度的首缆 1 根,附连于脱开装置,并设置在快速救助艇的前端。

6. 长度不少于 50 m 的可浮索 1 根,该索的强度足以满足至少以 2 kn 的航速拖带船舶。

7. 配备能承载全部乘员及属具或相当重量的最大救生筏。

8. 防水手电筒 1 个,连同备用电池 1 副及备用灯泡 1 只。

9. 哨笛或其他等效的音响号具 1 只。

10. 急救药包 1 套,存放于用后可盖紧的水密箱内。

11. 系有长度不少于 30 m 浮索的救生浮环 2 个。

12. 探照灯 1 盏。其水平和垂直扇面至少 6°,所测得的光强为 2 500 cd,连续工作不少于 3 h。

13. 有效的雷达反射器 1 具。

14. 数量足以供 10%快速救助艇额定乘员使用的保温用具或 2 件,取其大者。

15. 适用于扑灭油火的便携式灭火器 1 具。

(二)主要属具的使用方法

1.磁罗经

救助艇上安装的小型磁罗经一般采用圆形的外观设计,内里的刻度盘一般在65 mm左右,而外置的防护罩一般带有放大镜效果,使得艇员能够看到更大更清晰的刻度盘,如图 4-1-2 所示。这种小型磁罗经采用嵌入式或底座固定式安装上快速救助艇上,结构相对简单,使用和维护都很方便,精度较高。

小型磁罗经的表面通常由罗盘、刻度表、防水保护罩、基线、底座等组成,其中多使用 360°的表盘,以 0° 为北,90° 为东,180° 为南,270° 为西,或者直接标明东西南北等几个方位。这种磁罗经都标有基线,用来指示艇首的方向。使用时,根据基线对应的磁罗经刻度可读出救助艇当时的航向或艇首向。在海上进行扇形搜索或扩展方形搜索时,应注意磁罗经刻度盘转动速度远低于快速救助艇转向速度,如果仅以磁罗经读数作为转向依据,可能会产生较大的误差。

在安装方面,小型磁罗经一般安装在救助艇的中间位置,远离带磁性的其他物件,以确保其导航的准确性。

此外,小型艇用磁罗经也需要定期进行校正,以确保其精度。

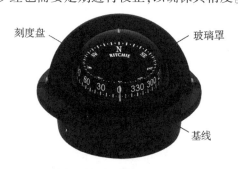

图 4-1-2　艇用磁罗经

2.雷达反射器

雷达反射器是无源雷达信标,是一种自身不能发射信号、通过增大目标截面积(也称回波或反向散射面积)的方法来增强船用导航雷达反射波,进而提高船用导航雷达对目标识别能力的无源设备,供海上遇险时救助使用,它能增强救生艇筏对雷达电磁波的反射信号,使海上漂流的遇险人员尽快获得救助。快速救助艇通常使用圆柱形雷达反射器,因其具有坚固的聚乙烯外壳常被认为是一种刚性雷达反射器,其内部的反射雷达波材料采用独特的对称堆叠布置。这种设计可保证该反射器不管救助艇横摇还是纵摇均能产生最大的雷达反射面积,始终使雷达波直角返回到船舶雷达天线上帮助母船跟踪快速救助艇,掌握其大致位置。

使用时,可应用专用的配件将圆柱形雷达反射器固定安装在快速救助艇扶正装置上,也可以用绳子把它悬挂在艇上相对安全的地方,如图4-1-3所示。

图 4-1-3　雷达反射器

三、快速救助艇日常维护与应急处理

(一)日常维护保养

1.妥善保养快速救助艇

(1)检查推进器螺母和销子。

(2)检查艇内是否漏水或漏油。

(3)确保舱底清洁、干燥。

(4)检查操控装置是否牢固。

(5)检查各种接线是否正常。

(6)检查并清洁燃油滤器。

(7)清洁冷却系统管路。

(8)若发现应急启动拉索磨损,应予以更换。

2.给蓄电池充电

(1)应定期检查普通蓄电池的液位,适时添加蒸馏水,并使用比重计进行测量。

(2)给蓄电池充电,但不得充电过度。

(3)蓄电池的接线端、电缆线和外壳应保持清洁。

(4)测试所有需要蓄电池供电的设备、器材,如甚高频无线电话、航行灯等。

3.确保有足够的燃油

(1)确保油箱内有足够的燃油。

(2)若长时间没有使用油箱内的燃油,应予以更换。

(3)检查燃油管路、手动输油泵及其连接处是否有裂缝、渗漏等。

（4）检查燃油箱，查看是否有裂缝或受到腐蚀。

（二）艇内机的维护和保养

定期保养和维修安装在艇内的发动机和机器处所，这些处所必须保持整洁。任何松动的部件或工具均可能引起火灾，或者在恶劣天气时引发故障。若操纵的是艇内机驱动的快速救助艇，在启动前应仔细检查这些区域。应特别留意艇内机传动轴穿过艇体部位——填料函，填料函是一个薄弱部位，因损坏、缺乏润滑或冷却均可能造成严重后果。

1.燃油系统

油气易燃易爆，使用设备时，若闻到油味应引起警觉，注意查看。启动发动机之前必须通风良好，应仔细检查设备的燃油管线有无异常现象。

（1）混入水

船用燃油系统容易混入水，因此，必须装备滤器和油水分离装置。如果油水分离器内含有水，应按照用户手册要求的步骤清除。

（2）柴油

柴油系统会受到许多不同形式的污染，因此必须定期检查更换滤器，按照用户手册要求的步骤清洁燃油系统滤器。

2.点火系统

汽油机平稳运行离不开清洁的火花塞。为保证发动机正常运转，应定期观察火花塞是否有油污、水汽，并进行必要的清洁，保持火花塞合适的间隙，按照制造商要求的期限更换火花塞。

3.润滑油

干净的润滑油可以使机器具有更长的使用寿命。必须定期检查并按期更换润滑油，更换润滑油时必须同时更换滑油滤器。

4.冷却系统

（1）开式冷却系统

检查艇体进水口是否有障碍物，管路是否有泄漏及腐蚀情况，检查排水口是否有足够的循环水。若该系统没有循环水，通常是气阻或进水口堵塞造成的，应及时排除故障。如果不是这些问题，应仔细查看用户手册。

（2）闭式冷却系统

闭式冷却系统设有类似汽车散热器的热交换器，必须定期检查冷却系统所有连接部分。有些艇内机的水冷却系统需要定期冲洗。如果艇上备有淡水，当更换冷却水时，还可以检查防冻液的液位。

（三）舷外机维护和保养

舷外机的推进装置具有推进效率较高，安全可靠，并可以在几分钟内拆开和重装，使用方便等特点。为保证工作可靠，舷外机仍然需要定期养护和维修。

必须根据季节变换和不同的使用环境维修保养舷外机。在检查舷外机时，可以进行下列保养工作：

1.燃油

新型舷外机装有喷油系统,实际是在化油器内形成混合油,为独立的贮油器提供燃油,并通过可变油泵直接喷射。在形成混合油气之前,必须首先滤掉燃油中的渣滓和水分。有时,发动机滤器很容易混入水分而使机器运转异常。发动机外面独立的过滤装置可以有效减少水分的渗入和影响,但必须严格按照制造商的建议检查和更换燃油滤器。

2.润滑油

二冲程舷外机使用润滑油与燃油混合在一起的混合油,润滑油直接润滑气缸,因此,务必使用制造商推荐的润滑油。

3.检查电气系统

在潮湿、含有盐分的海上环境中,使用电气设备会增加许多保养工作量,必须留意电气连线,因为它们锈蚀后会造成故障和短路。大多数小型艇的电气系统并不复杂,一般包括蓄电池、机器充电装置等。

维护蓄电池或修理发动机,应在发动机停止工作后进行。检修时,要小心辨别正极和负极的导线和接线柱。如果错误地将蓄电池导线接上蓄电池,即使时间很短,发动机的充电系统也会遭到损坏。接线时,应在蓄电池正极接线柱上放上止动垫圈,把红色蓄电池导线放在垫圈上,用扳手将六角螺母拧紧。按同样的方法,把黑色导线接在负极接线柱上。如果把两根蓄电池导线从蓄电池拆离,首先要拆除黑色导线。不要使金属物品触及蓄电池接线柱。

维护蓄电池主要是检查及清理蓄电池连线和蓄电池的表面。首先,在电池连接处涂上防腐蚀剂,干的防腐蚀剂膜不会过热或熔化,效果非常好。其次,添加电解液,使电池液位在规定的范围。最后,为蓄电池充电。蓄电池必须遮盖,固定在通风良好的地方,以防止起火或发生爆炸。延长蓄电池使用寿命的5个维护原则：

（1）防止过度放电。

（2）保持空气循环。

（3）维护电解液。

（4）避免过度充电。

（5）保持蓄电池及其终端的清洁。

（四）冲洗快速救助艇

快速救助艇在海水或者浑浊水域航行后,应使用清洁的淡水冲洗舷外机壳体,并冲洗冷却水管路,以便清除泥浆、盐分、海藻等杂物,这些物质会使管路堵塞或腐蚀,从而缩短发动机的寿命。发动机经冲洗后,应用干布擦干艇机壳体,晾干后涂上一层汽车蜡。对于采用喷泵推进的救助艇,应定期清洗喷泵,清理掉可能积聚的盐和杂质,从而减少因驾驶环境引起的腐蚀。每次将喷泵拖出水面时,最好使用淡水清洗。

发动机冷却水管路清洗方法主要有2种：

1.利用水箱清洗冷却管路

把舷外机放到水箱上,将淡水注入水箱内,使水位高于阻气板。将舷外机置于空挡,启动发动机,做几分钟低速运转。

2.利用专用的水洗管接头清洗冷却管路

将水洗管接头安装在发动机机壳下面的进水口,并用专用橡皮套(耳罩)包住进水口(见图4-1-4)。必须在进水口前面安装此附件。用软管连接水洗管接头和水龙头,打开水龙头,确保水流环绕艇体两侧的进水口。换挡至空挡,在持续供水情况下启动发动机,确保排水孔有连续的水流排出,然后低速运转至少5 min。

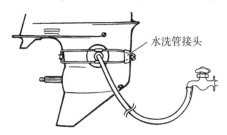

图4-1-4　利用水洗管接头清洗冷却管路

(五)维护控制系统

控制系统包括操舵、调速和转换齿轮等装置,这些都需要经常维护保养。根据用户手册的指导,对控制系统中可能需要加油的设备,如推拉索等进行必要的维护;检查所有控制器件和电缆,测试其操作是否平稳和高效,更换任何损坏或磨损的电缆。

1.控制台的维护

(1)视觉检查控制台的连接处和手柄是否有开裂,螺栓和螺母是否出现松动的现象,座位是否移位,查找划破或毁坏的泡沫材料。

(2)确保螺栓将控制台牢牢固定在甲板上。

2.维护要点

(1)所有电子设备应牢固地安装在存放架上,但螺栓不要固定过紧。

(2)用海绵吸收电子设备表面的水分,保持操控台整洁干燥。

(3)开启控制台盖板时,应将其固定好,防止遇到强风或直升机在附近作业时把盖板掀起。

(4)应固定控制台上存放的物件,使其不能随意滚动。

(5)电缆布局应整齐规范,连接可靠。

(6)保持扣件和开口紧密。

(7)注意查看龟裂情况,不用时控制台应加盖罩子。

(8)雷达和电台等设备应避免接触水汽。

(9)每天或在恶劣天气使用艇之后,应进行下列维护:

①将螺母和螺栓适度拧紧。常见的问题是收紧过度或损坏螺丝头。

②用热水和中性肥皂冲洗聚碳酸酯上的盐分,然后用软布擦干。

③用淡水和中性肥皂清除探照灯上的盐分,平时应盖上探照灯插座上的盖子。

(六)应急处理

当充气护舷出现破损漏气时,快速救助艇浮力下降不仅会降低救助艇的操纵性能,而且会危及艇上人员的安全。充气护舷漏气可分为阀漏气、接缝漏气、护舷表面漏气、洞或撕裂漏气等。下面主要利用艇上配备的工具对突然出现的小范围的充气护舷破损进行临时应急修补。

应急修补是指当充气护舷出现穿孔现象时,立即在水中采取的行动。小的孔洞可以利用修理工具箱内的堵漏塞或堵漏夹紧急处理。

1.使用堵漏塞堵漏(见图4-1-5)

(1)将锥形橡胶堵漏塞旋进破洞至气体停止泄漏为止。

(2)用脚踏泵向护舷充气。注意:过量充气可能造成堵漏塞堵漏失败。

(3)将护舷损坏情况记录在救助艇日志上,注明损坏的原因和位置,以便后期续补。

图4-1-5 堵漏塞

2.用堵漏夹堵漏(见图4-1-6)

(1)为防止堵漏夹遗失,应将堵漏夹上的绳环套在手腕上。

(2)将堵漏夹沾上水,使其表面光滑容易插入。

(3)将堵漏夹的底板推入小孔内。

注意:如果孔洞太小,应小心地将其扩大,再压入堵漏夹。

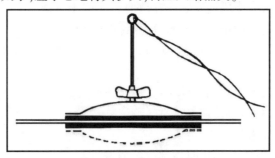

图4-1-6 堵漏夹堵漏

(4)拉动堵漏夹的底板紧贴护舷的内表面,然后把堵漏夹的面板放在它的上面。

(5)调整堵漏夹的位置使其完全覆盖孔洞。

(6)固定堵漏夹的位置并向下旋转螺丝,收紧堵漏夹。

（7）解开绳子（见图 4-1-7）。

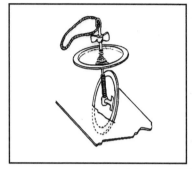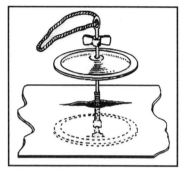

图 4-1-7　堵漏夹使用方法

第二节 快速救助艇的降落与回收

一、操作前的安全检查和准备工作

为顺利完成快速救助艇的降落与回收操作,应先将艇员分成若干个小组,每组最好5 人,包括艇长(通常由驾驶员担任)、副艇长和其他 3 名艇员。其中艇长负责指挥艇员完成降落和回收操作,副艇长操控吊艇机并协助艇长工作,其他艇员在艇长指定的位置分别控制首缆、尾缆(建议加装)和释放钩(也称作吊艇钩)。

1.个人安全装备

所有艇员必须正确穿戴个人安全保护装备,例如工作服、救生衣、安全鞋、手套和头盔等,并根据周围天气及海况决定是否穿着抗暴露服。

2.设备检查

降落快速救助艇前,艇员应注意观察快速救助艇及其配套的降落设备,应重点检查释放钩、吊艇索和波浪补偿装置等关键承重部件的技术状况。测试甚高频无线电话,保持其在整个操作过程中的通信顺畅无阻。

3.准备工作

做好风险评估,评判周围天气和海况对降落、操作和回收快速救助艇的影响,保证作业安全。所有艇员应熟知各自的职责、岗位和操作程序。确保包括船边(码头旁)在内的作业区域没有障碍物。确认无误后解除艇上绑扎的固定装置,准备降落快速救助艇。

二、降落快速救助艇

接到放艇命令后,艇长应立即指挥艇员降落救助艇。副艇长位于吊艇机旁,负责操控吊艇机。另外安排两名艇员分别就位于救助艇首尾附近，用缆绳控制救助艇在空中的姿态和水面位置。不同类型的吊艇架，其降落程序有所不同，下面仅以单臂回转式吊艇架和 A 字形吊艇架为例，介绍快速救助艇吊艇架的操作方法。

（一）单臂回转式吊艇架

利用单臂回转式吊艇架降落快速救助艇，需要两个步骤：首先，艇长指挥艇员将救助艇吊起离开座架，并将其由存放位置旋转到母船的舷外；其次，艇员开始登艇，登乘完毕后艇长指挥副艇长借助救助艇自身的重力将艇降到水面。

根据救助艇由存放位置旋转到母船的舷外使用动力的情况，单臂回转式吊艇架有3 种降落救助艇的方法：利用船舶动力源降落、利用蓄能器降落和应急手动泵降落。正常情况下，应利用船舶动力源降落快速救助艇。当船舶电力出现故障时，可以使用蓄能器或应急手动泵降落快速救助艇，如图 4-2-1 所示。

图 4-2-1　降放快速救助艇

1.利用船舶动力源降落快速救助艇

此方法需要电源或其他动力源降落快速救助艇。

（1）副艇长接通控制箱电源，启动泵站电动机。

（2）艇长指挥副艇长通过遥控盒按钮控制吊艇架上的控制阀将快速救助艇吊臂摆出舷外。

（3）人员登乘完毕，操纵吊艇索控制阀或由艇员拉动遥控钢丝绳，将艇降到水面。根据海面情况，决定是否使用波浪补偿装置，以缓解海浪对救助艇和吊臂的冲击。

（4）艇长放下舷外机，并将其启动。

（5）启动释放钩脱开装置，脱开吊艇索。

（6）检查雷达反射器和示位灯的状况，使其处于正常工作状态。

（7）离开大船。离开航行中的大船，应首先施加外舷舵，借助大船的拖力和救助艇的舵力使救助艇偏离大船，待救助艇摆开一定角度后，拉动首缆释放手柄，释放首缆。

2.利用蓄能器降落快速救助艇

（1）开启释放装置上专用截止阀，将专用手摇柄插入摇柄孔内。

（2）顺时针转动手摇柄，收紧吊艇索，将艇稳稳地吊离存放底座，直至艇可安全转到舷外的位置。

(3)操作人员用手拉动回转环,将艇转出舷外。

(4)艇员登艇坐好后,操作人员拉动遥控降落手柄,依靠重力将艇降下。

(5)艇降至水面后,脱开释放钩,操艇离开母船。

3.应急手动泵降落快速救助艇

(1)关闭专用截止阀,操作人员将手摇柄插入摇柄孔内。

(2)顺时针转动手摇柄,将艇稳稳地吊离存放底座,直至艇可安全转到舷外的位置。

(3)操作手动泵和换向阀,将艇转到舷外。

(4)艇员登艇坐好后,操作人员拉动遥控降放手柄,依靠重力将艇降下。

(5)艇降至水面后,打开释放钩,操艇离开母船。

救助艇脱钩后,艇长应操纵救助艇使其与母船保持适当距离和方向。艇员释放首缆后,艇上甲板人员应迅速把首缆回收到母船。

注意:艇入水后,应有一名艇员持艇篙在艇靠近的母船一侧做好准备,防止艇与母船接近。必要时,调整艇的方向,以便艇驶离母船。

(二)A字形吊艇架

与单臂回转式吊艇架类似,利用A字形吊艇架降落快速救助艇,也需要2个步骤:首先,将臂架连同救助艇一起倒出母船舷外;然后,借助液压装置或救助艇自身的重力将艇降落到水面。根据救助艇由存放位置倒出母船舷外所使用动力的情况,A字形吊艇架也有3种降落救助艇的方法,即利用船舶动力源降落、利用蓄能器降落和应急手动泵降落。正常情况下,应使用船舶动力源降落快速救助艇。当船舶动力源发生故障而不能正常降落艇时,可以使用蓄能器或应急手动泵降落快速救助艇。

1.利用船舶动力源降落快速救助艇

此种方法需要借助船上电源或其他动力源才能把快速救助艇降放到水面。其步骤如下:

(1)副艇长合上电气控制箱内的空气开关,接入主电源。

(2)按下电气控制箱或操作台面板上的"泵站启动"按钮,启动泵站。

(3)艇长指挥副艇长通过操控绞车起升/下降手柄,将救助艇吊离托架,使救助艇的顶端进入防摇摆装置内。

(4)艇员登艇,副艇长操作控制台上的油缸倒入/倒出手柄,推到油缸倒出位置,此时臂架连同救助艇在油缸的推动下向舷外倒出,直至臂架完全倒出舷外。

(5)臂架完全倒出舷外后,副艇长操控绞车起升/下降手柄,降落救助艇。

根据海面状况,决定是否启用波浪补偿装置。通常3级及以下海况不使用波浪补偿装置,4级海况才允许使用。

注意:若不需要使用波浪补偿功能,当救助艇降到水面后,脱开释放钩。艇员操纵救助艇离开母船,船上人员操作绞车起升/下降手柄收回释放钩。

若需要使用波浪补偿功能,当救助艇放到离水面1 m时,打开操作台控制面板上的波浪补偿启动/停止罩壳,按下"波浪补偿启动"按钮,操作绞车手柄会自动移到"起升"侧最大位置,波浪补偿功能被激活。救助艇下落到水面,并随海浪自由运动,但吊艇索仍然处于张紧状态。脱开释放钩后，救助艇离开母船，释放钩快速上升，升到一定高度后，在行程限位开关设定的停止位置，释放钩自动停止。

2.利用蓄能器降落快速救助艇

（1）打开臂架上的专用截止阀；

（2）艇员依次登艇，在指定位置坐好；

（3）待艇员登乘完毕后，艇长指挥副艇长向前推动油缸控制手柄，使臂架倒出舷外；

（4）臂架倒出到位后，指挥艇员拉动重力释放阀的遥控钢丝绳，使救助艇平稳地降至水面。

值得注意的是，使用蓄能器降落快速救助艇仅限在失电状态下做一次臂架的倒出和救助艇的降放，不具备回收功能。

3.应急手动泵降落快速救助艇

在失电情况下，可使用手动泵为吊艇架提供动力。

（1）安排2名人员将手动泵的手摇柄插到手动泵上，上下反复压动手摇柄为系统提供动力；

（2）艇员登艇，艇长指挥副艇长操纵控制阀把艇倒出舷外；

（3）操纵控制阀将救助艇降至水面。

三、回收快速救助艇

1.艇长驾驶快速救助艇驶到母船艇架附近。

2.将快速救助艇的首缆系到首缆释放钩上。

3.收紧首缆、合理使用车舵，艇长操艇至单臂吊吊钩的下方，并保持其位置。

4.船上负责人员指挥吊艇架操作人员，降下释放钩至合适的高度。

5.一名艇员面向驾驶台站在吊钩前，手握吊环把手处，将吊环迅速准确地挂在艇吊钩上，并使其处于锁紧状态，然后报告艇长。

6.艇长在吊环挂钩完成之后，关闭发动机。若为舷外机，还应将艇机收回。

7.船上负责人员指挥吊艇架操作人员，操纵吊艇索控制阀将艇刚好吊离水面。艇长应再次检查救助艇状况，适当调整艇员位置，确保起吊平稳。

8.确认正常后，船上负责人员指挥吊艇架操作人员继续回收救助艇至合适高度后，旋进吊臂至艇托架上方，调整好艇的位置后将艇落到托架上。

9.系妥艇架上固艇索。

10.关闭泵站电动机，切断电控箱电源，接好充电电源。

11.进行各系统必要的检查，查看相关属具和备品的情况，用艇罩将艇罩好。

第三节 快速救助艇的操作

一、快速救助艇的基本操作

（一）操作前的检查及准备

1.定位夹子和螺丝。舷外机是用夹紧托架和螺丝安装在艇尾板上,机身应和艇龙骨安装在同一平面内。不同艇的尾板高度是不一样的,舷外发动机艉轴长短也不尽相同。安装的发动机必须选择高度适合的尾板。如果错误安装发动机,就会降低发动机的工作效率。如果螺旋桨过于靠近水面,螺旋桨周围容易吸入空气,就会产生所谓的"空泡现象"。"空泡现象"将严重降低发动机的输出功率。启动发动机前,应确认舷外机牢固地夹在艇上或用螺丝固定在艇上。

2.燃油。油箱内的燃油必须足够航行所需并留出一定的富余量。燃油不足应及时补充,但油箱不得全部加满,应预留大约油箱10%的容积。因温度升高燃油体积膨胀,如果油箱完全加满,在压力作用下就有可能造成燃油溢出。添加燃油时,应远离热源、火星和明火焰,确保燃油干净、无杂质。移动式油箱不得长时间存放半箱燃油,因油中容易混入水汽且滋生藻类。为避免燃油漏到艇上,应在岸上加油,然后将油箱固定在艇上以防移动。另外,艇员应切记每次加油之前必须停机再操作。

3.机油。缺少机油会造成发动机过热,甚至出现活塞卡滞现象。过量的机油会使火花塞因积碳而出现冒蓝烟及发动机严重积碳的现象。这两种情况均可导致发动机故障,因此必须保证发动机内有适量的机油存在。

二冲程发动机需要曲轴箱参与压缩做功,因此不可能制成机油循环系统。其使用的润滑油是由汽油和机油按一定比例混合而成的混合油。艇员务必使用船用二冲程机油并按正确的比率与燃油混合。四冲程舷外机像汽车发动机一样带有内置的油底壳。用油尺检查机油油位,根据情况添加专用机油。

4.控制装置。转动舵轮由一舷满舵转到另外一舷满舵,将离合器操纵手柄由进车拉到倒车位置,确认各项操作均正常。

5.螺旋桨。螺旋桨周围应没有绳索、杂草、鱼线或塑料袋等杂物。

6.燃油管。燃油管两端分别连接到发动机和油箱专用插座上,油管应完好无损且有足够富余长度,没有扭曲等现象。燃油管接头应洁净且安装正确(见图4-3-1)。

7.燃油滤器。若艇内装设了燃油滤器,应检查滤器装置是否脏污或有水,并根据情况及时清理。

8.带有油箱的小型艇机,应开启燃油塞。

9.油箱透气。有些燃油箱在油箱盖上设有一个气孔螺丝。在启动之前应松开螺丝,

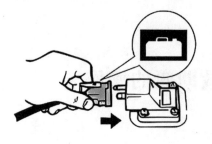 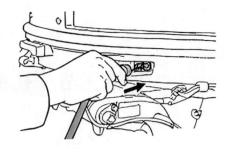

图 4-3-1　燃油管两端接头分别连接油箱和艇机

不用时则应关闭(见图 4-3-2)。

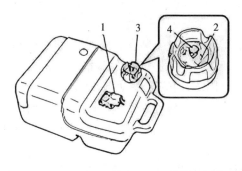 

图 4-3-2　油箱(左图)和手动油泵(右图)

10.电池开关。若舷外机连接艇上电气装置,应合上开关接通电路。

11.若配备了手动油泵,应反复挤压手动油泵,直至感到握实为止。

12.应急熄火绳。若舷外机装有应急熄火绳,应将锁定板与发动机制动开关牢牢地固定,并将应急熄火绳另外一端系在腿上或手腕上,测试其状况。舷外机启动之前检查项目如图 4-3-3 所示。

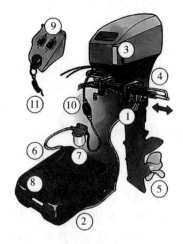

图 4-3-3　舷外机启动之前检查项目

1—夹子或螺丝;2—燃油;3—机油;4—控制装置;5—螺旋桨;6—燃油管;7—燃油滤器;
8—油箱透气孔;9—电池开关;10—手动油泵;11—应急熄火绳

（二）启动发动机

1.将操纵手柄放到空挡位置。

2.持续按住主开关，运行遥控阻风门系统。

3.将主开关或启动钥匙转移至"START"（启动）位置，时间不要超过 5 s。

4.发动机启动后，立即释放主开关或启动钥匙，使其返回"ON"（接通）的位置。

发动机启动后应立即检查是否有水自冷却水出水孔流出。若没有水，应查看出水孔是否堵塞。在航行前使发动机每分钟转速达到规定的热车速度，空挡慢速热车 2~3 min。

注意：除非提供其他形式的冷却水，否则舷外机离开水面后不得运转。

（三）操作快速救助艇

1.加速和减速操作

当艇直线前进时，在保证安全情况下应逐渐稳定地向前推油门，不断提高艇速使艇尽快进入滑行状态。在艇机刚启动时，不要短时间大幅度加速，否则会导致艇尾下沉，艇首过度抬高而阻挡视线并产生螺旋桨空泡现象。保持适度首倾有助于缩短艇进入滑行状态所需的时间。

2.保向及变向操作

因风、水流和螺旋桨横向力等影响，艇在航行中会出现偏转和漂移。驾驶员应始终注意罗经航向，并经常纠正航向，可用小舵角、早用舵来保持艇在航线上，避免偏航较远后再用大舵角纠正，注意用舵后应及时回舵。

高速行进中的快速救助艇可以在很窄的水域内迅速完成转向操作，而进入低速行驶状态则需要更多时间，也就是需要更大的旋回水域才能完成转向。然而，艇在低速行进中可通过合理用车达到缩小转向范围的目标。例如，满舵短时间用车，艇也会快速转向。若驾驶员在操作前没有告知艇员自己的操作意图而重复前面动作，艇员很可能会失去平衡。

值得注意的是，喷水推进的快速救助艇即使在换向导流器处于中心"零速"位置时仍然可以改变艇的方向。在倒退时，操舵方式与向前航行时相反。如果想让艇尾向左转，则舵轮必须向右转动（见图 4-3-4）。一种很好的记忆方法是，艇首始终与舵轮同向转动。

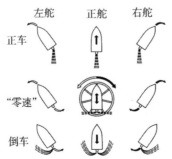

图 4-3-4　喷水推进艇的方向操控

3.低速操作

低速航行时舵效变差,用舵会比高速时频繁。低速操艇时,将操纵手柄放到进车或倒车挡增加动力(推力)是非常重要的,所以快速救助艇在低速准备转向时务必先转动舵轮,然后施加发动机动力。在狭窄的水域操艇时,可先转动舵轮,然后采取多次间断用车方式操纵救助艇,这样艇在少许前移或不动时就可获得最佳的旋转效果。

二、快速救助艇的靠离泊操作

(一)靠离泊的基本原则

1.提前摆放和引导缆绳及碰垫

在靠近码头之前应及早摆放和整理缆绳、碰垫。

2.操控艇,不超速

在靠码头过程中,应使艇首尽可能迎风顶浪。如果海面风浪较大,则需要提高艇速以保持舵效,但必须谨慎,不要超速。

3.使用明确的带缆口令和信号

靠泊时带缆非常重要,艇长应以洪亮清晰的声音下达各项指令,指令应能使所有协助人员理解,最好在送出缆绳前使艇停靠在码头旁。

4.施加推力后,操舵更有效

对于通过转动螺旋桨以获得舵力的艇,在绝大多数场合具有良好的操纵性能。例如可以把舷外机看作是舵,舷外机在怠速(无方向性推力)时仍然能保持一定的操艇能力,但千万不要指望它可以在低速时转向。

5.如果发现情况异常,不应盲目用车

靠泊时,随意增加发动机推力会造成严重后果。如果艇长坚持采取短时间用车,须注意观察和比较操纵前后效果,可以一定程度上避免事故的发生。

6.先用舵,后用车

为安全起见,操艇时应始终坚持"先用舵,后用车"的原则。艇长在指挥操艇时,也应先给出操舵口令,然后再发出相应的车令。

(二)靠泊操作

1.靠航行中的船舶

(1)救助艇在船舶正横后以30°角接近船舶。

(2)艇身驶过艇回收位置(吊艇架)后驾驶员迅速调整艇速使其与船速一致,并安排艇首人员传递首缆。

(3)缆绳一旦系妥,艇员应向艇长报告:首缆系妥。

(4)驾驶员轻轻回拉调速器手柄使艇首缆逐渐受力,保持艇与船舶同步前进。

(5)驾驶员向船舶传递尾缆(如有),并将其挽牢。

（6）驾驶员调整首缆控制艇位,然后下达命令:挂上释放钩。通常艇首人员负责挂释放钩。

（7）驾驶员持续操控艇直到其完全升起离开水面,然后关闭发动机(见图4-3-5)。

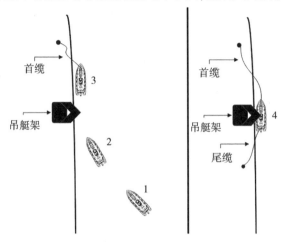

图4-3-5　靠航行中的船舶

2.靠码头

（1）舷侧靠码头

螺旋桨的扭矩、风和流均会影响靠泊操作。在靠泊过程中,控制艇速,保持安全冲量是至关重要的。为了达到良好的靠泊效果,艇员应始终将艇至于恰当的位置,即使发动机突发故障,也只会造成轻微的擦碰。靠泊步骤如下:

①驾驶员操艇以30°角慢速接近码头指定位置。

②驾驶员距码头1倍艇长时,驾驶员将操纵杆拉到空挡并开始向码头相反一侧用舵,使艇身移向码头的同时逐渐转为与码头平行。

③驾驶员距码头半个艇长时,驾驶员迅速向码头方向操舵,然后倒车使艇尾接近码头。

④驾驶员向码头传递缆绳挽牢,系泊完毕(见图4-3-6)。

在靠泊时,艇长应留意艇上载荷和速度对操纵性能等方面的影响。在艇的前进惯性没有消失之前不要过早停止倒车。为防止艇尾触碰码头,可能需要将舷外机转到更接近"正舵"的位置。

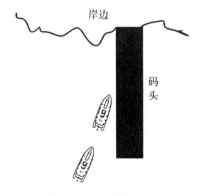

图4-3-6　舷侧靠码头

（2）艇首靠码头

艇首接近码头,应注意观察风、流及其影响。倒车时降低航行速度,在艇几乎接触码头时必须使艇停下来。在开出倒车艇向后移动之前,选择进车轻加油门,使艇静止于码头旁。利用螺旋桨作为前进推力抵消风、流的影响,在完成停靠任务之前必须保持好靠泊位置。任务结束后,应倒车让清码头。

在靠泊作业时,操艇人员应注意控制艇速。根据艇的停车和倒车性能,结合周围风、流方向和速度,在抵达码头前适时减速和停车,利用余速接近泊位。余速过快将不得不长时间倒车,不利于控制艇位和艇首方向;余速过慢则舵效变差,从而造成靠泊困难。最为普遍的做法是,在保证救助艇舵效的前提下,应尽可能降低余速。另外,选择合适的靠泊角。靠泊角度应根据风、流方向和大小等实际情况适当调整,如针对吹拢风情况可适当减小靠拢角,为减低漂移可适当提高余速等;当遇到强吹开风时,可考虑大角度进入泊位。此外,还应掌握转向时机。若转向太早,艇和码头平行时,二者的间距必然过大,而此时的余速和舵效往往不足以使艇靠上码头。一旦出现这种被动局面,如果泊位前后有足够水域,可向码头侧转舵并进车的方法加以纠正,或者直接重新进行靠泊操作;如转向太晚,艇首可能先于艇尾碰到码头。弥补的办法是向码头一侧转动舵轮之后全速倒车,但应注意在舵尚未转向码头一侧之前不得全速倒车,否则会使艇首甩向码头,造成更严重的后果(见图 4-3-7)。

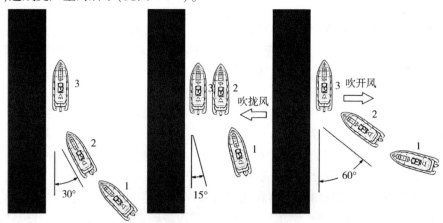

图 4-3-7　风流对靠泊的影响

（三）离泊操作

1.离开航行中的船舶

（1）降落救助艇前,应先系好艇首、尾缆绳。在降落过程中,应保持缆绳适当受力控制艇的位置。

（2）在艇将要降落到水面时启动发动机(仅适用 RIB)。

（3）脱开释放钩,艇在首缆牵引下随船一起前进。逐渐向外挡操舵,保持艇与船舶平行。解除艇尾缆绳。

（4）合上离合器,向前推动调速器手柄,艇前移使首缆松弛。

（5）艇长命令艇首人员解除首缆。

（6）收回首缆后,艇长加速前进(见图4-3-8)。

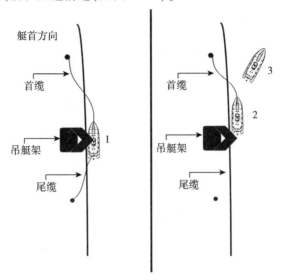

图4-3-8　离开航行中的船舶

2.离开码头

多数情况下,借助艇篙撑离岸壁即可使艇首离开码头。在艇和码头间有足够空间时,可慢速进车并向码头相反方向小幅度转向。注意:大幅度转向可能造成艇尾以一定力量撞向码头,必须避免此类情况。若艇受风或水流的作用被压向码头,则此时最好采取倒车驶离。

（1）艇尾先离开码头

①解除艇尾缆。

②向码头方向操舵,进车使艇首靠向码头。

③停车,向码头相反方向操舵,收回首缆,倒车离开(见图4-3-9)。

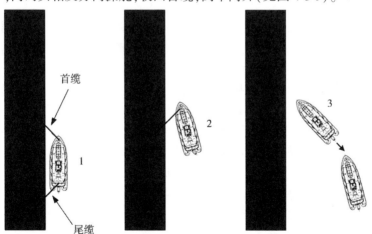

图4-3-9　艇尾先离开码头

（2）艇首先离开码头

①解除并收回首缆。

②向码头相反方向操舵,进车使艇尾靠向码头。

③解除并收回尾缆,慢速进车离开码头(见图4-3-10)。

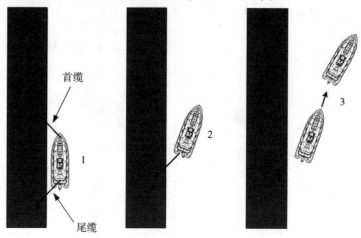

图 4-3-10　艇首先离开码头

三、快速救助艇的拖带操作

（一）拖带前的准备

检查首缆、尾缆(若有)、拖缆和缆桩状况,确保其满足拖带作业要求。将缆绳整齐盘放在快速救助艇首尾附近的甲板上,使其随时可用。另外,准备一艘救生艇或一只救生筏用作被拖带物。

（二）系结缆绳

1.吊拖(尾拖)

根据天气和海况,可采用平行靠近、45°角靠近或横向 T 形靠近等方式接近被拖救生艇或救生筏。通常,当救生艇横向受风漂移时,救助艇应以救生艇下风方向靠近其艇首;当救生艇艇首迎风漂移时,救助艇应选择平行靠近救生艇舷侧。救助艇从救生艇尾部上风方向驶近,靠近目标后传递拖缆,并在救生艇前方安全位置停车等待连接拖缆。若采用后两种方式接近艇筏,救助艇应顶风顶浪横越待拖带目标艇首,在救助艇经过待拖带目标艇首时迅速传递拖缆并系固缆绳。

为安全起见,拖缆必须系固在救生艇的强力构件上。因救生艇专设的首缆释放装置强度不足,不应作为拖缆系固点。相反,艇首附近的吊艇钩可作为拖带受力装置。救生筏浮胎标有加固点,这是拖缆唯一可以连接的位置。

2.旁拖(见图 4-3-11)

顶风接近。

从舷侧旁靠近或尽量靠近被拖救生艇,然后迅速传递缆绳。注意要始终保持缆绳高于水面,尤其应远离螺旋桨。

救助艇与救生艇筏的布置应使救助艇的螺旋桨/喷口方向与准备拖带的方向相反。

救生艇艇首应偏向救助艇,理论上讲应使二者合为一体。

使用两根控制索,一根在艇首作为首缆,另一根引向艇尾当作倒缆。若在狭窄水域操作,则需要更多缆绳。使用4根缆绳的操作方法:

向救生艇送出首缆,也可将拖缆从艇首引出作为首缆。收紧尾倒缆以利于控制救生艇。系固首缆,使救生艇艇首向稍微偏向救助艇。系固首倒缆和尾缆。缓慢倒车,使首倒缆松弛,然后重新收紧。缓慢进车,使尾倒缆松弛,然后重新收紧。一旦这些缆绳都收紧挽牢,就可以拖航了。

图 4-3-11 旁拖

(三)起拖

确认拖缆及其他缆绳连接无误后,开始起拖。起拖时,救助艇应以慢速进车,待拖缆受力确认无误后再逐渐加速。每次变速或变向操作都宜平缓稳定,且始终保持被拖艇在救助艇的艇尾方向。

在浪中航行时,尽量保持拖带中的两艇同步起落以减轻拖缆受力,否则会出现同一时刻一艇被加速而另一艇被减速,这时会出现拖缆松弛,失去对被拖艇的控制,而随后又会出现拖缆被两头突然拉紧而受到过大的冲击拉力,易使拖缆绷断。通过调整拖缆的长度和改变航向,可以改善拖缆的受力情况。

在拖带的过程中,被拖艇时常偏向一边或者两边来回偏荡。偏荡会对甲板上的属具和艇体结构形成额外的应力而损坏艇体,过大的偏荡还可能使艇倾覆,因此,必须设法尽可能抵消或减小偏荡,包括降低拖带速度或调节拖带长度等方法。

(四)解拖

1.操作前,艇长应注意观察周围风、流和航行危险物及过往船只情况,确保作业安全。

2.向艇员介绍操作方法,告知救生艇筏人员操作意图。

3.操作时,应先降低救助艇的速度,然后根据拖缆受力情况及时收回已经松弛的拖缆。吊拖时应避免突然停车致使两艇快速靠近,形成追越或者碰撞危险。

4.通知救生艇筏解除拖缆,待收回拖缆艇尾清爽后进车离开。

第四节 扶正倾覆的快速救助艇

一、快速救助艇倾覆的原因

1.在正横方向遭遇碎浪或艇首迎浪时航行突然失去了动力

艇在开花浪中横浪航行或发生横甩,尤其当浪高和艇宽尺度相近时更易发生横向倾覆。另外,波浪的波陡(波高/波长)对倾覆有重大影响。纵向倾覆常发生于艇在非常陡峭的大浪或开花浪中顺浪航行时,出现艇首朝天或艇尾朝天的情况;当艇尾被浪抬高,艇开始向下冲浪,艇体重心前移波浪将艇尾进一步抬高,艇首则因插入波谷受阻而使艇向前翻转并倾覆;当艇首迎向巨大的开花浪时,艇首朝天,如果艇尾下滑冲浪,也可能造成艇向后翻转倾覆。

2.迎着强风航行,操纵不当使艇向后倾覆

在强风中操艇时,快速救助艇一般可平稳渡过强风(这主要取决于受风情况和救助艇的类型)。最好使艇尾胯部受风、迎浪,一旦倾覆,也容易离开。

3.在拖带过程中

拖带作业有时会造成救助艇倾覆,拖带柱高度超过甲板是造成这种情况主要原因之一。如果拖带柱高度超过甲板,作用在艇体的力量巨大,保持拖缆沿艇首尾方向成一条直线可以减小倾覆的危险。救助艇和被拖艇航行过程中,应避免拖缆位于救助艇的正横方向,特别在不利海况进行拖带过程中。

4.高速航行中的快速救助艇突然大幅度快速转向,容易出现严重横倾而倾覆。

5.刚性艇体充气式快速救助艇迎浪航行时,当其充气护舷前端进入浪中而减慢速度使得艇首柱偏向一侧易出现倾覆的危险。

6.高速航行中突然停车。

二、扶正倾覆的快速救助艇(见图4-4-1)

(一)用人力扶正倾覆的快速救助艇

1.根据艇的大小,每次安排一至两名穿着救生衣的艇员扶正救助艇。

2.解下救助艇的首缆,然后将其对折,绳干系到上风艇缘的艇中附近的羊角上,再把两个绳头越过龙骨向下固定到另外一侧的艇缘上。确认这些绳索在艇体艇缘、龙骨和救生索的外侧,留在艇底绳索的长度应适中。如果艇上安装了尾缆,也可将艇首和艇尾的缆绳从倾覆艇体的一侧引到另一侧。为达到最佳的杠杆效果,绳子在绕过艇底前应先穿过远端艇体扶手或救生索。如果是充气式护舷,应尽量把扶正艇的人员准备站立一侧的护舷放气。这会使得此舷更重,有助于扶正操作。

3.扶正艇的人员应由救助艇的下风接近并攀上救助艇,双手拉住缆绳,双脚站稳,身体用力后仰,将艇扶正。两人扶正时,安排一人抓住首缆,另一人抓紧尾缆。待两人抓住绳子后一起后仰,艇体开始翻转。继续用力后仰,直至把艇扶正至正浮状态,一名艇员应迅速登艇并在他人登艇时尽力保持艇体平衡。然后重新给护舷充气,排除艇内积水使艇更稳。

注意在艇与水面接近垂直时,应迅速松开双手,用力蹬水快速游开,防止被压到艇下。

(二)自行扶正倾覆的快速救助艇

1.检查受伤人员和艇上人员数量。

2.将所有艇员集结在艇尾板附近,尽量停留在救助艇的下风舷,使艇漂向人员集结的方向,而不是远离。

3.首先,艇长在艇尾板系上安全绳并将其放出直至绳子拉直,其他艇员应协助艇长完成此项工作。

4.一旦艇员顺着安全绳离开艇后,艇长用力拉动充气手柄,启动充气钢瓶向充气袋充气。扶正装置一经启动,艇长应立即拉紧安全绳游开。

图 4-4-1 扶正倾覆的快速救助艇

5.待充气袋中的气体压力达到一定数值时,充气袋将完全胀开,救助艇在充气袋的复原力矩的作用下会迅速扶正。拉动充气手柄至救助艇完全扶正的时间大约需要 28 s,不同的艇的扶正时间会有一些差别;注意在启动自扶正系统之前所有人员必须离开救助艇,位于救助艇的下风方向,因为艇一旦扶正,其充气袋将使艇向下风漂移。

6.救助艇一经扶正,艇员必须尽快抓住救助艇,然后开始登艇。在登上快速救助艇的过程中,艇员可以利用舷外机协助登艇,但不要直接登上艇机。先登上艇的艇员应帮助其他人员登艇。

注意:如果没有拔掉安全栓,气胀式自扶正系统将不能启动。

三、穿着救生服或抗暴露服游泳

在低温环境中救助遇险人员时,救助人员应穿着保温性能好的抗暴露服或救生服(见图 4-4-2)减少体热散发,避免出现低体温症。这两种服装的主要区别在于抗暴露服自身带有浮力,保温性能虽不及后者,但活动性能更好。

1.救生服的穿着方法

(1)穿着抗暴露服或救生服之前应穿着适当的保暖衣服。

(2)取出救生服,打开胸前水密拉链,松开腿部的限流装置。

（3）先穿下身，然后把腿部限流装置收紧。

（4）后穿上身，戴好帽子，然后把水密拉链拉至脸部，扣好胸前的弹簧扣。

（5）下水前把脸部密封片拉至下颌。

（6）根据需要，加穿一件救生衣。

抗暴露服的穿着方法与之类似，但衣服外面不必穿着救生衣。

图4-4-2　抗暴露服和救生服

2.穿着抗暴露服或救生服游泳

由于这类衣服比较肥大笨重，会在一定程度上限制穿着者的活动能力。因此建议抗暴露服或救生服的穿着者尽量仰浮在水面以减小水阻力，同时呼吸也比较方便。通过双手在身体两侧划水，配合双腿蹬水向前游动。为了提高效率，划水时可伸展双臂至耳朵两侧，像桨一样从身体两侧向双腿方向划水。

第五节　营救水中的遇险人员

一、救助水中的遇险人员

（一）准备工作

在实施水面救人操作之前，应事先准备好一套救助落水人员专用设备（如杰森吊篮、救生网等）和一个保温用具。

根据艇的额定定员，确定每组艇员的数量。艇长应向艇员简单介绍救人行动方案，明确艇员的分工和各自位置。

负责目视搜寻的艇员设法始终保持遇险人员在视线范围内并就位于可与艇长进行视觉和语言沟通的位置，协助艇长驶向遇险人员，直至救助艇到达救助区域。其他救援人员在艇长指定舷侧的适当位置（通常为艇中艇体附近）负责搭救遇险人员脱离水面。

在救助过程中艇员所在的位置不得阻挡艇长的视线。

(二)艇长的行动

艇长驾驶救助艇直接驶向水中遇险人员。救助艇通常应由下风方向接近水中遇险人员,同时,艇长应该明确告知艇员:计划在哪一舷救助遇险人员。艇体平直的部位经常是对水中人员施救的比较理想位置,负责搭救遇险人员应在此处准备及安装杰森吊篮。当然,在某些情况下也可以选择在艇尾处救人(见图4-5-1)。

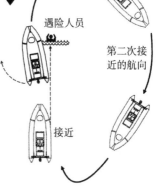

在快速救助艇施救过程中,艇长应在距离遇险人员至少2倍艇长时,及时降低艇速以能够维持舵效即可。若采用间接方式救助,救援人员可以使用抛投设备救助神志尚清醒的遇险人员。当救助艇靠近水中遇险人员时,艇长必须集中精力操纵救助艇,控制救助艇与遇险人员之间的距离,保持双方处于相对静止状态。

1.采用螺旋桨推进方式的快速救助艇

(1)遇险人员接近艇首之前,艇长应及时停车。

(2)救助艇凭借惯性,慢慢靠近水中遇险人员。

(3)遇险人员越过艇首后,艇长应立即转动舵轮,向遇险人员一侧操满舵。

(4)控制遇险人员的位置:应设法避免救助艇周围海况

图4-5-1 实施救助

对遇险人员造成的各种伤害,迅速将遇险人员救到艇内。

(5)根据遇险人员的状况、艇内的位置、海况等情况选择适宜的艇速,将遇险人员运送到安全地点。

2.采用喷射方式推进的快速救助艇

(1)若采用直接方式:艇员抓住遇险人员后应立即降低发动机转速。

(2)若采用间接方式:当救助艇距离遇险人员数米远时,应抛出抛绳,同时调节发动机转速,控制艇位。

(3)遇险人员被拉至距离救助艇1.5 m时,应降低艇速至最低限度。

(4)控制救助艇的艇位,将遇险人员救到艇内。

救助艇的艇员接触遇险人员的第一个反应是:利用救生索系住遇险人员,防止出现人艇再次分离的局面。救助艇艇长应该尽力保持救助艇右舷前端迎浪。如需要,艇长可以操左舵、开出倒车,保持艇体右舷对着水中人员。

这种操纵方式有两个好处:首先,水中人员的身体在水流的作用下将漂离救助艇,而不会被压在艇下,使救助工作会变得更加容易;其次,如果救助艇艇长在操纵中出现了意外情况,救助艇会向下风方向漂移,使水中人员离开救助艇。在首次靠近过程中,由于有救生索连接,水中人员并不会离开过远。

若在首次靠近遇险人员过程中没能救起遇险人员,则应操纵救助艇,使水中人员始终位于旋回圈范围之内。控制遇险人员的位置:应设法减小救助艇周围海况对遇险人员造成的各种危害。根据遇险人员的状况、艇内的位置、海况等情况选择适宜的艇速,将遇险人员运送到安全地点。

（三）艇员的救助行动

艇员应根据艇长的命令各就各位做好救助准备。另外,若采用间接救助方式,应先向遇险人员抛出救生浮环或救助绳袋,遇险人员套好救生浮环或抓住浮球后,救助人员收紧救生索将遇险人员拉到救助艇旁边,然后将其拉出水面扶持到救助艇内。

1.利用专用设备或器材救助

我们常利用杰森吊篮救助遇险人员。杰森吊篮是一种由高强度塑料模块和不锈钢管件组成的长方形救助工具,能将落水人员从水中以平卧体位迅速提升到艇内,从而避免出现危险的救助后虚脱现象。其操作要点是首先在舷边展开吊篮呈勺子形状,然后套住艇边头朝向艇尾的遇险人员,提升吊篮将遇险人员经艇缘救到艇内。在救助过程中应注意:一旦抓住遇险人员,应采用水平方式将遇险人员搭救到艇内。也就是说,遇险人员应沿着救助艇的艇缘滚动进入艇内,即与垂直拉出水面的动作相反。

2.利用绳索救助

若救助艇上没有专用的救助设备或器材,艇员也可使用首缆、拖缆或其他绳带救起水中遇险人员。

（1）单人施救

如果救助艇干舷较高,可先使水中遇险人员背对艇体,再用绳子穿过其双臂腋下,绕过胸部从脑后引回艇内,拉紧绳的两端,将遇险人员提到艇内。救助时,尽量使用衬垫减少遇险人员的不适感。

（2）双人施救

如果遇险人员体重较大,可采取多人参与救助。首先让水中遇险人员仰浮在艇旁,然后取两根粗绳,将绳的一端分别系固在艇上,两根绳子间距约 1 m。绳的另一端分别从水中遇险人员身下穿过,其中一根绕过水中遇险人员的胸部,另一根绕过大腿中部,返回艇员手中。艇员平稳拉动两根绳子把水中遇险人员翻转进入艇内。

3.徒手救助

（1）单人徒手救助

如果只有一名艇员施救,应让水中遇险人员面向救助艇,两臂上举;艇员两臂交叉抓住遇险人员双腕;艇员将遇险人员提出水面,同时将交叉双臂展开,遇险人员螺旋运动一周被提到艇上(见图 4-5-2)。

（2）双人徒手救助

有些救助艇干舷较低,艇员在艇上探出上身就能伸手够到水中遇险人员。两名艇员把遇险人员转成背对艇体的直立体位,然后在遇险人员两边各将一只手放到落水者腋下,另一只手抓住艇缘,同时用力提起遇险人员;海面平静时,两名艇员可各用双手将人拉起。先把遇险人员放到艇缘能坐下的位置,然后再放平遇险人员转入艇内。

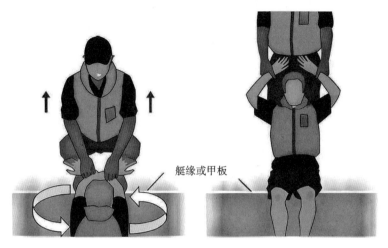

图 4-5-2　单人徒手救助

二、转运遇险人员

1.遇险人员的安置和护理

遇险人员在水中待救时间较长而水温气温较低时,应将遇险人员转成头朝向艇尾、脚朝向艇首方向,让他躺在艇中较为宽敞的地方,并为其穿上保温用具。

2.转运遇险人员

驾驶快速救助艇回到母船(码头)旁,按照回收救助艇的步骤把遇险人员送到母船的甲板上(码头岸边)。

第五章

高级消防

第一节 消防中用水

一、使用水进行消防

当船舶发生中到大火时,常使用水灭火,海上可以方便获取消防水。在使用水灭火时,应了解灭火技术和要领。

(一)使用水进行消防

1.用水扑灭火灾的基本方式

用水扑灭火灾的基本方式有以下几种:冷却热表面以产生蒸汽;冷却热烟气;对准并熄灭火焰;冷却燃烧物表面;浇湿周边未燃的可燃物(见图5-1-1)。

图 5-1-1 扑灭火灾方式

2.射水的基本姿势

射水的基本姿势有立射、跪射、卧射和肩射 4 种(见图 5-1-2)。

(1)立式射水:这是最常用的射水姿势,即水枪手站立进行射水。在立式射水中,水枪与地面通常保持 35°~40°的仰角,以获得最大的水平射程。

(2)跪式射水:当火源较低或需要更加稳定的射水姿势时,水枪手可以采用跪式射水。这种姿势可以提供更好的稳定性和准确性。

(3)卧式射水:在特定情况下,如需要穿越狭窄空间或火势过于猛烈时,水枪手可能会采用卧式射水。这种姿势可以最大限度地减少暴露面积,提高安全性。

(4)肩式射水:肩式射水是一种较为特殊的射水姿势,通常用于需要较高射程或需要双手操作其他设备时。水枪手将水枪扛在肩上,通过调整身体姿势和角度来控制射水方向和射程。

(a)立射

(b)跪射

(c)卧射

(d)肩射

图 5-1-2　射水的基本姿势

3.射水的形式

射水的形式多种多样,根据火场情况和不同物质的燃烧形势,可以采取适合的射水形式以达到最佳的灭火效果。常见的射水形式有:

(1)直流射水:直流射水是指水枪以直线形式喷射水流。这种射水形式具有射程远、穿透力强的特点,适用于远距离或大面积的火源。直流射水可以从远处进攻着火点,穿透燃烧物或机械摧毁燃烧物质,使之分割成"碎片"(见图 5-1-3)。

（2）水雾射水：水雾射水是指水枪以雾状形式喷射水流。这种射水形式具有覆盖面积广、降温效果好的特点,适用于近距离或需要快速降温、排烟的火源。水雾射水可以迅速降低火场温度,减少热辐射,同时与直流水柱结合使用可以形成"水墙",有效接近火点并覆盖火场的燃烧物(见图5-1-4)。

（3）组合射水：组合射水是指将直流射水和水雾射水结合使用的射水形式。这种射水形式可以根据火场情况灵活调整,既具有直流射水的射程和穿透力,又具有水雾射水的降温和覆盖效果。组合射水通常用于复杂火场或需要多种灭火手段并用的场合(见图5-1-5)。

图 5-1-3 直流射水　　　　　　　图 5-1-4 水雾射水

图 5-1-5 组合射水

4.射水应用

灭火中射水应用主要包括直接应用(direct application)、间接应用(indirect application)和烟雾冷却(smoke-cooling application)3种方式(具体见第二章第三节)。

（二）SOLAS 公约对集装箱灭火的要求

SOLAS 公约第Ⅱ-2章修正案[MSC.365(93)]对集装箱灭火的要求:2016年1月1日及以后建造,敞口集装箱货舱和在露天甲板或以上装载集装箱的存放区,应提供防火措施以便将火灾限制在初始处所或区域,并对邻近区域进行冷却,以阻止火灾蔓延和结构破坏。集装箱船应至少配备一支移动式水雾枪(water mist lance);露天甲板上载运5层及以上集装箱的船舶,应配备移动式消防水炮。

1.水雾枪

水雾枪是由一支带穿刺型喷嘴的管子组成的,与消防总管连接时,能够刺穿集装箱壁并将水雾喷入集装箱内。水雾枪灭火示意图如图5-1-6所示。其优点是:

(1)人站在集装箱外进行灭火操作,保证消防员的安全。

(2)在集装箱上"开"一个小孔,将长管水雾枪插入孔内,防止开门进入大量新鲜空气。

(3)消防水有一定的射程,喷射出细水雾,对集装箱内进行高效冷却,从而扑灭箱内火灾。

(4)使用细水雾能够提高水的灭火效率,减少水的用量,降低水对货物的损害。

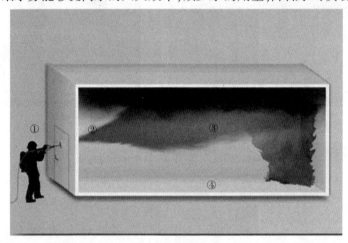

图 5-1-6　水雾枪灭火示意图

IMO 还没有制定对于水雾枪(见图5-1-7)的性能标准。目前,各厂商制造的水雾枪形式不同,主要分为两类:

(1)开孔锤(见图5-1-8)和水雾枪分离,先用开孔锤或手提电钻在集装箱上开孔,然后将水雾枪管插入集装箱内。

(2)水雾枪与便携式高压泵相连,在枪口处形成大约25 MPa以上压力,穿透集装箱外壳,枪管能深入箱内,其喷射距离较远,水雾质量较高。

图 5-1-7　水雾枪　　　　　　　　　图 5-1-8　开孔锤

2.移动式消防水炮

移动式消防水炮在集装箱的配备数量:船宽小于30 m,至少配备2支;船宽大于30 m,至少配备4支。船上消火栓能满足所有移动消防水炮同时使用,在每个集装箱首尾处同时形成有效的水障,消防水压力能使移动消防水炮喷射到最顶层集装箱。消防泵的排量和消防总管的直径满足同时供应移动消防水炮和从消防水带产生两股达到所要求的压力的水柱。如果消防总管水量超出 140 m³/h,就会影响消防泵,应为移动式消防水炮配备独立驱动的动力源。

根据 IMO 的 MSC/Circ.1472"用于保护甲板货物处所的移动水炮的设计、性能、试验和认可指南",移动式消防水炮的主要技术性能如下,其形式如图 5-1-9 所示:

(1)其组成有进水口组件、水炮管路、转向组件、喷嘴和关闭装置。通过消防水带与船舶水管系相连,其尺寸应确保消防水炮所需流量和压力要求。

(2)消防水炮最小排量至少为 60 m³/h,喷嘴能在水平和垂直方向旋转,垂直方向能在 0~90°角度变化;水平射程达 40 m 以上(30~35°)。

(3)消防水炮设有移动提手或其他装置以便移动,如重量超过 23 kg 应安装轮子。

图 5-1-9　移动式消防水炮

二、使用水灭火的注意事项

在船舶消防中使用水灭火,应注意如下几个方面:

1.灭火前,了解火场及其周围是否存有不适于用水扑救的货物和设备,如果有,应采用其他适合的灭火剂。不能用水扑救轻金属的火灾,不能用水扑救三酸(硫酸、硝酸、盐酸)的火灾,不能用水扑救碳化钙(电石)的火灾,不能用水柱扑救油类火灾,不能用水扑救未切断电源的电气设备火灾等。

2.在用水灭火过程中,发现不正常情况,如火势没有减少反而增大,或生成有毒气体等,应及时停止扑救,及时核查货物的特性与货物申报是否一致(集装箱船会有此可能),并与有关方面取得联系,获得相关扑救的指导。

3.注意正确使用船舶上的各种固定水灭火系统。不同船舶中,水灭火系统设备存有差异(如设备位置、结构和性能),特别是有的船舶配有局部灭火系统(水喷淋灭火系统、细水雾灭火系统),船员及时熟悉本船的水消防设备和其操作,确保能正常使用。

4.在用水灭火时,注意人员的安全和灭火技术及方法。如果火灾发生在舱室内,船舶指挥人员应考虑进入舱室灭火人员的安全,包括人身防护、呼吸、防止触电等;针对不同的处所和设备火灾,使用不同的灭火技术和方法,如机舱内设备火灾、厨房、住舱、货舱、物料间等的火灾特点,都不一样。

5.研究使用水的灭火战术。因不同的船舶种类、吨位、设备存在着差异,每艘船舶应根据自己船舶的特点和船员能力制定合适的战术,如集装箱船甲板上和舱内的集装箱火灾,使用水灭火的战术就有不同。水灭火中,一旦消防泵、管系出现故障,应有相应的应急措施。

6.在用水灭火时,尽量减少盲目射水,及时通过舱底系统将水排出,减少对船舶稳性和船舶强度造成的不良影响。

三、消防用水对船舶稳性和强度的影响

消防用水对船舶稳性的影响主要体现在以下几个方面:

(一)自由液面的产生

当船舶发生火灾并使用大量的水进行灭火时,会在船上形成自由液面。自由液面的存在对船舶稳性构成威胁,因为一旦船舶发生横倾,这些液体将向一侧移动,导致船舶重心升高,并产生一个横倾力矩,使船舶继续横倾。这一过程将持续到船舶的恢复力矩等于横倾力矩为止。自由液面的存在降低了船舶的初稳性高度,增加了倾覆的风险。

自由液面对船舶稳性的影响可用下面的公式表示:

$$\delta GM = \frac{\sum \rho \, klb^3}{D}$$

式中,

δGM——船舶初稳性高度的改变量;

D——船舶排水量;

ρ——消防水的密度;

l——舱室的长度;

b——舱室的宽度;

k——惯性矩的系数,当舱室为长方形时,$k = 1/12$;为等腰三角形时,$k = 1/48$;为直角三角形时,$k = 1/36$。

以船舶的货舱失火为例,如果船舶货舱的形状为长方形,其宽度是 20 m,长度是 30 m,排水量是 2 万 t,其消防水产生的自由液面结果会使船舶的稳性降低 1 m。

如果舱内(和甲板上)有货物,由于受船舶倾斜影响,可能会造成货物的移动,更加快船舶倾斜。

(二)船舶重心的改变

消防用水的存积会改变船舶的重心位置。大量用水灭火时,水大部分存积于船舶上层建筑、舱内和各层甲板上。若这些水的重心高度比船舶原来的重心高度高,将会引起整个船舶重心高度的升高,进而破坏船舶的稳性。

(三)对船舶稳性高度的影响

船舶稳性高度(GM)是衡量船舶稳性的重要指标。消防用水的存在可能导致船舶稳性高度的降低。例如,当水形成自由液面并导致船舶横倾时,船舶的重心将升高,稳性高度(GM)将减小,从而降低了船舶抵抗倾覆的能力。

（四）对船舶强度的影响

当船舶发生火灾并使用大量水进行灭火时,这些水可能会积存在船舱内,特别是大型船舶中大量积水的重量可能会对船舶的纵向结构、对舱壁、甲板等局部结构产生额外的压力。这种压力可能导致船体结构的变形,进而影响船舶的纵向强度和局部强度。

四、船舶倾斜的纠正程序和措施

在灭火过程中,船舶发生倾斜应立即采取纠正措施,恢复正浮状态。其纠正程序和措施如下:

1.使用船舶破损控制图和破损控制手册

船舶破损控制图和破损控制手册能提供有关船舶水密舱室以及维护舱室边界和保持分隔有效性装置的准确信息,以便在船舶破损情况下,能给予合适的预防以避免通过开口进一步进水,并采取有效措施以便快速减轻进水情况,可能的话,使船舶损失的稳性得到恢复。

在船舶灭火过程中,消防水进入舱室内与船舶破损进水有相似之处,船长和高级船员应熟悉船舶破损控制图和破损控制手册内的破损指导,制定相关应急措施。

2.计算舱室内消防水数量

船舶发生火灾后使用消防水,对于有多少消防水留存在船上,要进行估算。估算方法如下:

（1）水位的测量法

先测量水位的深度,利用舱容表或根据失火舱室的形状及尺寸,可以查到或计算出舱室水的数量。

（2）水枪流量的估算法

对于有的舱室,在发生火灾时,人员无法靠近进行测量,或者没有方便的测量装置,应采用水枪流量进行估算。

$$Q = NT_1 q_{水枪} + AT_2 q_{水雾}$$

式中,Q—舱内水量（L）;

$q_{水枪}$——单位时间内水枪的流量（L/min）;

N——共使用的水枪数量;

$q_{水雾}$——单位时间内水雾喷头的流量（L/min·m²）,一般按照规范要求进行计算的 6 L/min·m²;

A——所使用水雾系统所保护的舱室面积（m²）。

T_1 和 T_2——水枪和水雾分别使用的时间。

3.控制与排出船舶舱室内消防积水

组织机舱人员使用舱底泵排放船舶舱室内消防积水,同时控制内部水密关闭装置,防止消防积水流到其他舱室（如滚装船）;也可采用便携式潜水泵,排出船舶舱室内的积水（如居住区内、舵机房内等）。

4.稳性计算及纠正方法

用船舶专用破舱稳性软件或船舶货物装载仪，快速进行船舶稳性计算，包括压载水排出或压入、燃油舱调拨、纠正船舶的倾斜，并尽快实施此计划。如果与船级社有船舶应急响应服务协议，可及时获得船级社的支持，如 CCS 的应急响应服务系统(ERS)。

5.加固重大物件

船舶甲板上、货舱内载有重大物件时，应采用硬物加以塞垫、增加拉索等，防止其移位。

6.控制海上船舶横摇

船舶在海上航行时，应操纵船舶与涌浪或风浪方向最佳角度，最大限度地减少船舶的横摇状况，给纠正船舶倾斜创造良好的海上环境。

7.控制港内船舶横倾

船舶靠泊时，应多在船舷侧系横缆。在码头上扑救船舶火灾，当船体开始倾斜时，及时在船舷侧与码头之间系带更多的横缆并收紧，控制船舶横倾防止倾覆。还可以寻求港方援助，如多艘拖船的顶推。

第二节 危险货物消防

一、危险物品分类及特性

凡具有爆炸、易燃、毒害、腐蚀、放射性等性质，在运输、装卸和贮存保管过程中，容易造成人身伤亡和财产损毁而需要特别防护的货物，均属危险货物。

第 1 类　爆炸品

爆炸品货物系指在外界作用下（如受热、撞击等），能发生剧烈的化学反应，瞬时产生大量的气体和热量，使周围压力急骤上升，发生爆炸，对周围环境造成破坏的物品，也包括无整体爆炸危险，但具有燃烧、抛射及较小爆炸危险，或仅产生热、光、音响或烟雾等一种或几种作用的烟火物品。

本类货物按危险性分为 6 项：

（1）具有整体爆炸危险的物质和物品。

（2）具有抛射危险，但无整体爆炸危险的物质和物品。

（3）具有燃烧危险和较小爆炸或较小抛射危险，或两者兼有，但无整体爆炸危险的物质和物品。

（4）无重大危险的爆炸物质和物品，此项货物危险性较小，万一被点燃或引燃，其危险作用大部分局限在包装件内部，而对包装件外部无重大危险。

（5）有整体爆炸危险但极不敏感的物质，本类包括具有整体爆炸危险但在正常运输条件下引爆或从燃烧转为爆炸可能性极小的极不敏感的物质。

（6）没有整体爆炸危险的极不敏感物品，本类物品主要由极不敏感的物质组成，该物品因意外起爆或传爆的可能性可以忽略。

第2类　气体

气体是一种物质，它在50 ℃时的蒸气压力大于300 kPa；或在标准大气压力101.3 kPa下，在温度为20 ℃时，完全呈气态。本类别包括压缩气体、液化气体、溶解气体、冷冻液化气体、吸附气体、一种或多种气体与一种或多种其他类别的物质蒸气的混合物、充注了气体的物品、气溶胶和加压化学品。

本类货物分为三项：

（1）易燃气体。

（2）非易燃、无毒气体。

（3）有毒气体。

第3类　易燃液体

易燃液体是闭杯试验在60 ℃（相当于开杯试验65.6 ℃）或在60 ℃以下时放出易燃蒸气的液体或液体混合物，或含有处于溶液中或悬浮状态的固体或者液体（如油漆、清漆、真漆等，但不包括由于其危险性已另列入其他类别中的物质），上述温度通常指闪点。本类还包括：交付运输时温度等于或高于闪点温度的液体；在加温条件下运输的或交付运输的，在温度等于或低于最高运输温度时会放出易燃蒸气的液体。

根据易燃性划分类别，就包装而言，根据其闪点、沸点和黏度对易燃液体进行分类。下表指出这些特性中两项之间的关系：

包装类	闭杯闪点/℃	初沸点/℃
Ⅰ	-	≤35
Ⅱ	<23	>35
Ⅲ	≥23且≤60	>35

第4类　易燃固体；易自燃物质；遇水放出易燃气体的物质

第4类物质系指除划分为爆炸物以外的在运输条件下易燃烧或可能引起或导致起火的物质。

易燃固体货物系指在运输所遇条件下易于燃烧或通过摩擦可能引发或促进火灾的固体；易于发生强烈热反应的自反应物质（固体和液体）和聚合性物质；如果没有充分稀释，可能爆炸的固体退敏爆炸物。

自燃物品货物系指在正常运输条件下易于自发升温或易于遇空气升温，然后易于起火的液体或固体物质。

遇水放出易燃气体的物质与水反应易自发成为易燃或放出达到危险数量的易燃气体的液体或固体物质。

第5类　氧化性物质和有机过氧化物

氧化性物质：这些物质本身未必燃烧，但通常因放出氧气能引起或促使其他物质燃烧。这些物质可能包含在一个物品里。

有机过氧化物：它是含有两价的-O-O-结构可被认为是过氧化氢的衍生物的有机物质，其中一个或两个氢原子被有机原子团取代。有机过氧化物是遇热不稳定的物质，它可发热并自加速分解。此外，这类物质还可能具有一种或多种下列特性：易发生爆炸性的分解；迅速燃烧；对撞击或摩擦敏感；与其他物质起危险反应；损害眼睛。

第 6 类　有毒和感染性物质

有毒物质：这些物质如吞咽、吸入或与皮肤接触易于造成死亡、严重伤害或损害人体健康。

感染性物质：这些物质系指那些已知或合理预期含有病原体的物质。病原体系指可引起人或动物感染疾病的微生物（包括细菌、病毒、寄生虫、真菌）和其他病原体，如阮病毒。

第 7 类　放射性物质

放射性物质系指托运货物中任何含有放射性核素活度和总活度超过国际危险货物规则规定数值的物质。

第 8 类　腐蚀性物质

腐蚀性物质系指通过化学作用会对皮肤造成不可逆转的损害，或在泄漏的情况下，会对其他货物或运输工具造成重大损害甚至摧毁的物质。

本类货物按其运输危险程度分为以下三种包装类：

（1）包装类Ⅰ：非常危险的物质和混合物；

（2）包装类Ⅱ：具有中等危险性的物质和混合物；

（3）包装类Ⅲ：具有轻微危险性的物质和混合物。

第 9 类　杂类危险物质和物品

杂类危险物质和物品是指在运输中呈现出未列入其他类别的危险的物质和物品。

本类货物分为两项：

（1）未列入其他类别的物质和物品，根据已经表明或可以表明该物质或物品具有的危险特性须适用于经修订的 SOLAS 公约第Ⅶ章 A 部分规定。

（2）不适用于上述公约第Ⅶ章 A 部分规定，但适用于经修订的 SOLAS 公约附则Ⅲ的物质。

二、危险货物火灾的扑救

（一）船舶载运危险货物应急指南（EMS）

EMS 包含了载运危险货物船舶的应急响应程序相关指导内容，涵盖了国际海运危险货物规则（IMDG 规则）所规定的危险物质、材料、物品或有害物质（海洋污染物）的事故［IMDG 规则规定运输的包装危险货物的船舶火灾和/或泄漏（溢出）紧急情况］发生时，船长和船员在没有外部援助的情况下如何应对。

根据《国际安全管理规则》（ISM 规则），所有船舶及其运营公司都必须建立安全管理体系(SMS)。在安全管理体系中,需要制定应对潜在船上紧急情况的程序。EMS 旨在协助船东、船舶运营者及其他相关方制定此类应急响应程序,这些程序应纳入船舶应急计划。

一旦发生火灾或泄漏事故,应按照船上应急计划采取初步行动。若涉及危险货物,应急计划中的响应措施应根据 EMS 针对特定危险货物制定,尤其要考虑船舶类型、危险货物的数量和包装类型,以及货物是积载在甲板上还是甲板下。《船舶载运危险货物应急指南》应与《国际海上危险货物 IMDG 规则》和《危险货物事故医疗急救指南》(MFAG)所提供的资料一起使用。

1.EMS 指南的主要内容

EMS 指南主要分为火灾应急措施表和溢漏应急措施表两部分。

EMS 指南根据危险货物的不同类型将火灾应急措施分为 10 种,每一个对应的火灾应急措施表一般分为 5 个部分,分别为总体建议、甲板上货物着火应急措施(区分包装件及货运单元)、甲板下货物着火应急措施、货物暴露在火中时应急措施以及特殊情况说明。

EMS 指南根据货物的具体特性制定了 26 种相应的溢漏应急措施,每一个对应的溢漏应急措施表一般分为 4 个部分,分别为总体建议、甲板上溢漏应急措施(区分包装件少量溢漏与货运单元大量溢漏)、甲板下溢漏时应急措施(区分包装件少量溢漏与货运单元大量溢漏)以及特殊情况说明。

2.EMS 指南的使用方法

使用应急措施表需在事前做好准备,熟悉相关内容,在紧急情况发生时按步骤获取和运用信息,以下以火灾应急措施表使用为例介绍具体使用方法。

(1)事前准备

纳入培训体系:在任何紧急情况发生之前,阅读应急措施表的引言部分并将其纳入船舶的培训体系,让船员了解应对火灾的基本原则、准备工作、危险货物识别方法等内容,确保船员在火灾发生时能够及时有效地做出反应。

融入安全管理与应急计划:将应急表相关指导融入船舶的安全管理体系(SMS),并使船上应急计划中的程序根据船舶具体情况进行调整,确保应急表内容与船舶实际情况相结合,便于在实际操作中应用。

(2)紧急情况发生时

第一步:查阅通用指南

当发生涉及包装危险货物的紧急情况时,首先查阅一般原则(General guidelines for fire)。一般原则能提供应急的基本思路和通用原则,帮助船员对整体情况有初步的判断和应对方向。

第二步:识别危险货物

确定 UN 编号:通过查看危险货物的包装标签、危险货物清单、详细积载图等,确定所涉危险货物的四位 UN 编号(以字母"UN"开头)。这是找到具体应急措施表的关键依据。

查找对应应急措施表:依据 IMDG 规则第 3 部分第 3.2 章中的"危险货物一览表",

通过 UN 编号找到对应的应急措施表编号,从而获取针对该危险货物的详细应急建议。有关危险货物特性的具体信息也可在 IMDG 规则的"危险货物一览表"中找到。

第三步:遵循应急措施表建议行动

灭火行动:按照应急措施表中针对该危险货物的灭火建议进行操作,包括选择合适的灭火介质(如水、气体、泡沫、干粉等)及其使用方法(如是否采用水喷雾、控制气体用量等),以及灭火的具体步骤和注意事项。

货物处理:参考应急措施表中对于暴露于火灾中的危险货物的处理建议,如是否需要移开或抛弃货物、如何进行冷却以防止货物破裂等。

特殊情况应对:针对不同类别的危险货物(如爆炸品、气体、易燃液体等),应急措施表会有特殊的应对说明,需严格遵循这些说明处理特殊情况,保障人员和船舶安全。

(3)后续行动

持续监控:火灾扑灭后,按照应急措施表的建议持续监控货物情况,防止复燃或发生其他意外情况。

设备清理与恢复:立即清除并清洗设备和防护服上的污染物,将设备恢复原状并重新存放以备再次使用。

遵循报告程序:按照 SOLAS 公约和 MARPOL 公约规定的报告程序,及时准确地报告事故情况。

(二)危险货物火灾扑救一般原则

1.安全优先

首要原则是将安全放在首位,避免与危险物质有任何接触。危险物质可能具有毒性、腐蚀性、易燃性等,接触后会对人员造成严重伤害。

要远离火灾、烟雾、废气和蒸汽,这些都可能含有有害物质,一旦吸入或接触会危害健康。

2.应急响应

一旦发现火灾,立即拉响火警警报,并启动消防程序。及时报警可以让全体船员迅速知晓火灾情况,启动消防程序则能尽快控制火势。

如果条件允许,让驾驶台和生活区处于上风位置。这样可以避免烟雾、有毒气体等飘向这些区域,保护船员的安全。

3.货物信息确认

确定正在燃烧或冒烟货物的积载位置。准确了解货物位置有助于采取针对性的灭火和救援措施。

识别货物,获取所涉危险货物的 UN 编号以及对应的"火灾应急措施表"(EMS FIRE SCHEDULE)。UN 编号是识别危险货物的关键标识,通过它能找到适用的应急处理方案。

考虑"火灾应急表"中哪些措施适用并应予以遵循。不同的危险货物有不同的灭火和处理要求,要根据实际情况选择合适的措施。

检查是否有其他危险货物可能会卷入火灾,并识别相关的"火灾应急措施表"。有些危险货物之间可能会相互影响,引发更严重的后果,所以要全面考虑。

4.个人防护

穿戴合适的防护服和自给式呼吸器。防护服可以防止皮肤接触危险物质,自给式呼吸器能提供清洁的呼吸空气,避免吸入有毒气体。

5.急救准备

做好使用《医疗急救指南》(MFAG)的准备。在火灾事故中可能会有人受伤,及时的医疗急救至关重要。

6.寻求专业建议

联系负责船舶运营公司的指定人员或救援协调中心,以获取关于危险货物应急响应措施的专家建议。专业人士具有更丰富的知识和经验,能提供更有效的应对方案。

7.注意事项

若皮肤被危险货物污染,应立即清除污染物并清洗。及时处理可以减少危险物质对皮肤的伤害。

(三)扑救危险货物火灾及注意事项

1.扑救一般火灾(F-A)

在火中,暴露的货物可能爆炸或其容器可能破裂。要尽可能从安全的远距离位置进行灭火操作。

(1)甲板上货物着火:用尽量多的水龙带形成水雾灭火。

(2)甲板下货物着火:切断通风并关闭舱口。使用货舱固定式灭火系统。如无此系统,则用大量的水形成水雾进行灭火。

(3)货物暴露于火:如可行,移开或抛弃可能卷入火中的包装件。如不可行,用水进行冷却。

(4)特殊情况:

UN 1381,UN 2447:火灾扑灭后,立即按溢漏情况进行处理(见相关溢漏应急措施表)。

2.扑救爆炸性物质和物品火灾(F-B)

在火中,暴露的货物可能爆炸或其围壁可能破裂。从尽可能远的防护位置灭火。应使全体船员明白爆炸的危险并应指导其采取适当行动。突发或短时事件(如爆炸)可能危及船舶安全。

(1)甲板上货物着火:用尽量多的水龙带形成水雾。货物会爆炸或猛烈燃烧,可能无法扑灭。

(2)甲板下货物着火:货物会爆炸或猛烈燃烧,可能无法扑灭火灾。切断通风,关闭舱口。使用货舱固定式灭火系统。如无此系统,用大量的水形成水雾进行灭火。

(3)货物暴露于火:不要移开已暴露于热量的包装件。如可行,移开或抛弃可能卷入火中的包装件。如包装件未直接卷入火中,应集中力量防止火烧到货物,办法是尽量从远处用水柱使包装件保持潮湿,以此将火驱除。若火势蔓延到货物,消防员应撤至安全区域继续火。如可行,应将已暴露于火的物品与未暴露物品隔开,应使其保持潮湿并从安全距离进行监控。

(4)特殊情况:

①UN 0018,UN 0019,UN 0020,UN 0021,UN 0301:能产生催泪或有毒气体的弹药,船员应意识到此类弹药的危险性。爆炸发生后,只有自给式呼吸器才能提供有效的防护。请查阅《泄漏应急表》S-Z。

②UN 0248,UN 0249:这些遇水启动的装置在接触水后更易发生爆炸。

③UN 3268:电动启动的安全装置若受热,可能会发生自持分解反应。温度可能会达到500 ℃并产生气体。即使不再受热,这一过程也可能导致货物爆炸。

3.扑救不燃气体火灾(F-C)

封闭罐体中的气体在受热时,可能会在火灾发生时或发生后因沸腾液体膨胀蒸气爆炸(bleve)而突然爆炸。受热或破裂的钢瓶可能会飞射出去。某些气体自身虽是不燃的,但会支持燃烧。火灾可能会导致气体泄漏。归入不燃气体的大部分气体对健康有害。有些是腐蚀性的。应制造水雾。确定火源并采取适当行动。

(1)甲板上货物着火:尽可能多地使用水带,用大量的水进行灭火。

(2)甲板下货物着火:使用固定式灭火系统。

(3)货物暴露于火:如可行,移开或抛弃可能卷入火中的包装件。如不可行,用水冷却数小时。受热或破裂的钢瓶可能会像火箭一样飞射出去。

(4)特殊情况:

UN 1003,UN 1070,UN 1072,UN 1073,UN 2201,UN 3156,UN 3157,UN 3513,UN 3515,UN 3518:这些货物虽然是不燃性的,但会增强火势。

4.扑救易燃气体火灾(F-D)

在火灾过程中或结束后,封闭液舱内的受热气体可能突然爆燃,爆燃方式为沸腾液体膨胀蒸气爆炸(bleve)。船员应明白爆炸的危险并采取适当行动。用大量的水使液舱保持冷却。尽可能从有防护的远距离位置进行灭火。扑灭正在泄漏燃烧的气体可能会导致形成爆炸性环境。火焰可能是不可见的。

(1)甲板上货物着火:对于包装件要用尽量多的水龙带形成水雾。不要尝试扑灭气体火焰。对于货运单元,要用大量的水冷却着火的货运单元和邻近货物。不要尝试扑灭气体火焰。

(2)甲板下货物着火:切断通风,关闭舱口。使用货舱固定式灭火系统。如无此系统,用大量的水形成水雾灭火。

(3)货物暴露于火:如可行,移开或抛弃可能卷入火中的包装件。如不可行,用水冷却数小时。

(4)特殊情况:

①UN 1038,UN 1075,UN 1965,UN 1966,UN 1972,UN 3138,UN 3160,UN 3309,UN 3312:突发或短时事件(如爆炸)可能危及船舶安全。

②UN 1001,UN 3374:乙炔是一种因其爆炸可能性而极具危险性的气体。粗暴操作或局部受热可能会导致延迟爆炸。需用水持续冷却数小时,切勿移动容器。所有遭受

过粗暴操作或局部受热的钢瓶都应予以抛弃。

③UN 3501,UN 3504,UN 3505：如果包装破裂,可能会喷出易燃液体、糊状物或粉末。同时请查阅"火灾应急措施表"F-E。

5.扑救不与水反应的易燃液体火灾(F-E)

在火灾过程中或结束后,封闭液舱内的受热液货可能突然爆燃,爆燃方式为沸腾液体膨胀蒸气爆炸(bleve)。用大量的水使液舱保持冷却。从尽可能远的防护位置灭火。如可行,制止泄漏或关闭打开的阀。火焰可能是看不见的。

(1)甲板上货物着火:对于包装件要用尽量多的水龙带形成水雾,对于货运单元要用大量的水冷却着火的货运单元和暴露于火中的邻近货物。

(2)甲板下货物着火:切断通风,关闭舱口。使用货舱固定式灭火系统。如无此系统,用大量的水形成水雾。

(3)货物暴露于火:如可行,移开或抛弃可能卷入火中的包装件。否则,用水保持冷却数小时。

(4)特殊情况:

UN 1162,UN 1250,UN 1298,UN 1717,UN 2985：货物接触水后会形成盐酸,要远离流出的液体。

6.扑救控温自反应有机过氧化物火灾(F-F)

暴露的货物可能剧烈分解。船员应意识到爆炸的危险并采取适当的行动。从尽可能远的防护位置灭火。仅在灭火时切断电源。如有可能,检查温度读数。当货物温度升高时,必须采取措施向船员报警。如温度升高或有烟气散发,按相关说明处理。尽快与制造商(发货人)联系。

(1)甲板上货物着火:对于包装件不适用。对于货运单元要用大量的水冷却着火的货运单元和暴露于火中的邻近货物。火被扑灭后,在确实停止散发烟气前不要打开该单元。如有可能,继续进行冷却,并保持对其进行监控。

(2)甲板下货物着火:不适用。IMDG 规则不允许在甲板下积载此类货物。用无线电征询专家意见。

(3)货物暴露于火:对于中间散装容器、包装件货运单元要用水冷却暴露于火的单元。火被扑灭后,检查并恢复冷却。保持监视。经常检查温度,如温度升高或有烟气散发,按相关说明处理。对于液舱要使人员远离液舱,因液体可能从释放装置中喷出。用大量的水冷却暴露于火的单元。火被扑灭后,检查并恢复冷却措施,保持对其进行监控。火被扑灭后,应继续用水雾冷却液舱外部。检查制冷装置,保持对液舱监视。经常检查温度。

(4)温度升高:对于中间散装容器(IBCs)和包装件的货运单元,若超过控制温度,必须对制冷装置进行检查(查阅手册)并维修。若无法进行检查维修和/或无法恢复温度控制,需联系货物制造商。若达到应急温度,但制冷装置运行正常,联系货物制造商并考虑处理包装。让消防小组随时待命。若因制冷装置故障达到应急温度,联系货物制造商。达到应急温度后,有 12 h 的时间来维修制冷装置和/或处理包装。12 h 后,保持安全距离并做好灭火准备。对于液舱,如果超过了控制温度,必须对制冷装置进行检查

(查阅操作手册)并维修。若无法检查维修和/或无法恢复温度控制，联系货物制造商。如果达到了应急温度，但制冷装置运行正常，联系货物制造商。保持安全距离，并考虑使用柔性软管通过底部出口将罐体中的货物排至船外。如果是因为制冷装置故障而达到应急温度，只要温度超过应急温度的幅度不超过 5 ℃，就可以进行维修。在此之后，如果罐体设有底部开口，考虑用连接在底部开口处的柔性软管将罐体排空。

（5）散发烟气：对于中间散装容器、包装件货运单元要让消防小组随时待命。切勿靠近货运集装箱。当冒烟情况加剧时，保持安全距离并做好灭火准备。烟雾停止散发后，检查制冷系统。按照温度升高的相关指南进行操作。持续监控，因为可能会再次冒烟。要让人员远离液舱，因为液体可能会从泄压装置喷出。用水冷却受火灾影响的部件。从有防护的位置使用水雾进行灭火。如果冒烟情况或泄压排气情况较为缓和，且温度低于应急温度，可考虑使用柔性软管通过罐体底部出口将罐内液体排至船外。即使冒烟或泄压排气已经停止，也应继续进行数小时的水雾冷却，并对液舱进行持续监控，因为可能会再次出现冒烟情况。

（6）特殊情况：无。

7. 扑救与水起反应的物质火灾（F-G）

在火中，暴露的货物可能爆炸或其容器可能破裂。从破裂容器中泄漏出的液体物质可能会被点燃，从而使火势蔓延。暴露在热源下的罐装货物，可能会在火灾发生时或发生后，因沸腾液体膨胀蒸气爆炸（bleve）而突然爆炸。尽可能从有防护的远距离位置进行灭火。建议一次性使用大量的水来降低热辐射，并冷却附近受热的货物。水与货物直接接触会引发或加剧该货物的燃烧。只有在能够直接接触到货物，并且着火货物可以被水淹没的情况下，大量的水才可能显著降低货物的热反应性并灭火。应考虑到火势失控蔓延的危险。

（1）甲板上货物着火：对于包装件，不要使用水或泡沫，用干燥的粉末状惰性材料将火焖熄或任其燃烧。用大量的水冷却邻近货物。对于货运单元，让火自行燃烧。用大量的水冷却附近的货物。如果有便携式水炮，可使用其水幕防护功能来防止火势蔓延。努力避免集装箱进水。

（2）甲板下货物着火：切断通风，关闭舱口。应使用固定式气体灭火系统。如无此系统，不要对甲板下封闭处所内的材料用水。用大量的水冷却邻近货物。

（3）货物暴露于火：如果可行，移除或抛掉可能会卷入火灾的包装件。否则，用大量的水冷却货物。若有便携式水炮，可使用其水幕防护功能来防止火势蔓延。

（4）特殊情况：

Class 4.3,packing group I：与水接触时，会产生大量可燃气体。这些气体若未立即被点燃，可能会形成极具危险性的爆炸性环境。

8. 扑救有爆炸潜力的氧化物质火灾（F-H）

在火中，暴露的货物可能爆炸或其容器可能破裂。船员应明白爆炸的危险并采取适当行动。从尽可能远的防护位置灭火。突发或短时事件（如爆炸）可能危及船舶安全。

（1）甲板上货物着火：用尽量多的水龙带形成水雾。

（2）甲板下货物着火：打开舱口提供最大通风。固定式气体灭火系统对这些火可能无效。用尽量多的水龙带形成水雾灭火。

(3)货物暴露于火：不要移开已受热的包装件,如可行,移开或抛弃可能卷入火中的包装件。如包装件未直接卷入火中,应集中力量防止火烧到货物,办法是尽量从远处用水柱使包装件保持潮湿,以此将火驱除。如火烧到货物,消防员应撤至安全区域并从安全位置继续灭火。如可行,应将已暴露于火的物品与未暴露物品隔开。应使其保持潮湿并从安全距离予以监控。

(4)特殊情况：无。

9.扑救放射性材料火灾

将在舱内或下风区域的非必要人员撤离。不要接触受损包装件。如怀疑有放射性污染,尽可能缩短消防员进入的时间。携有辐射监测设备的船舶,测量辐射强度。用无线电征询专家意见。火被扑灭后,用大量的水清洗船舶表面,消防员在脱下防护服之前接受除污处理。隔离受到潜在污染的服装和设备。如怀疑人员受到辐射,用温水和肥皂清洗身体和头发,将洗下的污水直接排到舷外。记下可能受到辐射的人员姓名,确保在有医护人员时对这些人进行体检。对于配备辐射监测设备的船舶,在火扑灭之后继续监测辐射强度。

(1)甲板上货物着火：对于包装件要用尽量多的水龙带形成水雾。对于货运单元要用尽量多的水龙带形成水雾。用大量的水冷却着火的货运单元和暴露于火的邻近货物。

(2)甲板下货物着火：切断通风,关闭舱口。使用货物处所固定式灭火系统。如无此系统,用大量的水形成水雾灭火。

(3)货物暴露于火：如可行,移开或抛弃可能卷入火中的包装件,否则,用大量的水冷却数小时。

(4)特殊情况：

①UN 2977,UN 2978,UN 3507：化学品危害远远超过辐射危害。材料与水产生反应形成有毒和腐蚀性气体。流出的液体可能是腐蚀性的,不要接触。暴露的货物可能在火中爆炸。应制造水雾进行防护。泄漏可能会通过可见且有刺激性的蒸气显现出来。释放的蒸汽也可能与碳氢化合物(燃料)产生强烈反应。

②UN 3332,UN 3333：如确定原封容器脱离了其外包装,切勿触碰。保持距离,通过减少在该物质附近停留的时间以及尽量增大与它的距离来减少辐射暴露。通过无线电请求专家提供建议。

③子级标记4.2或4.3：标有4.2或4.3子级危险标记的所有放射性材料(例如自燃的铀或钍金属)：用无线电征询专家意见。在甲板上：不要对该材料用水。用大量的水冷却邻近货物,虽货物燃烧的火势会在短时间内增强。不要向火喷少量的水,使用大量的水。在甲板下：切断通风,关闭舱口。应使用固定式气体灭火系统。如无此系统,不要对甲板下封闭处所内的材料用水。打开舱口用大量的水冷却邻近货物,虽货物燃烧的火势会在短时间内增强。不要向火喷少量的水,只能使用大量的水。

10.扑救非控温自反应有机过氧化物火灾(F-J)

在火灾中,暴露的货物可能剧烈分解。船员应明白爆炸的危险并采取适当行动。

从尽可能远的防护位置灭火。

（1）甲板上货物着火：对于包装件不适用。对于货运单元要用大量的水冷却着火的货运单元和暴露于火的邻近货物。火被扑灭后，继续用水雾喷集装箱数小时。在确实停止散发烟气前不要打开集装箱。如可行，在此之后用水冷却包装件或中间散装容器至少1 h。否则，定期检查其内所装货物。如又散发烟气，继续用水冷却。将残留物排到舷外。彻底清洁该区域。火被扑灭后，保持对货运单元监视。

（2）甲板下货物着火：不适用，IMDG 规则不允许在甲板下堆货。用无线电征询专家意见。

（3）货物暴露于火：对于中间散装容器、包装件货运单元要用水冷却暴露于火的单元。火被扑灭后，保持对货运单元监视。如有烟气散发，按相关说明处理。对于液舱要使人员远离液舱，因液体可能从释放装置中喷出。用水冷却暴露于火的单元。与货物制造商（发货人）联系。应继续冷却液舱，直至温度低于50 ℃。经常检查温度。如又升温，用水冷却该装置。考虑用软管经底部出口通至舷外将液舱排空。

（4）散发烟气：对于中间散装容器、包装件货运单元，要用水冷却单元。从防护位置使用水雾。在确实停止散发烟气前不要打开该单元。如可行，在此之后用水冷却包装件或中间散装容器至少1 h。否则，定期检查其内所装货物。如又散发烟气，继续用水冷却。将残留物排到舷外。彻底清洁该区域。对于液舱要使人员远离液舱，因液体可能从释放装置中喷出。用水冷却暴露于火的设备。从防护位置使用水雾。即使烟气散发或压力释放已停止，应继续冷却液舱，直至温度低于50 ℃。经常检查温度。如又升温，用水冷却该设备。考虑用软管经底部出口通至舷外将液舱排空。

（5）特殊情况：无。

三、《国际海运固体散装货物规则》（IMSBC）中具有化学危险货物

在《国际海运固体散装货物规则》中将 B 组具有化学危险性货物分为三类：第一类是《国际海运危险货物规则》中规定的危险货物，如第4.1类易燃固体、第4.2类易自燃的物质、第4.3类遇水放出可燃气体的物质、第5.1类具有氧化性的物质、第6.1类有毒物质、第7类放射性物质、第8类腐蚀性物质和第9类杂类危险物质和物品；第二类是仅在散装时有危险的物质（MHB）。第三类既是《国际海运危险货物规则》规定的危险货物同时具有 MHB 规定的其他化学危害的货物。例如《IMSBC 规则》附录1中的"硫化金属精矿，腐蚀性的，UN1759"条目，该货物为《IMDG 规则》中列明的 8 类危险货物，同时还具有自热固体和/或遇湿放出有毒气体的 MHB 危险性。这里简单介绍在散装时有危险的物质（MHB）。

1.定义与分类依据

MHB 是指散装运输时具有《国际海运危险货物规则》（IMDG Code）分类体系未涵盖的化学危害的物质。可因具备特定化学危害（如后文所述）、与已知危险特性类似货物类比或依据事故记录进行分类。测试需用待运货物代表性样品，按规定方法取样。虽有明确化学危害定义，特殊情况也可考虑其他化学危害并记录。

2.符号标注

在特性表中为 MHB 货物提供符号标注，如具有多种化学危害，各危害符号都要列

入,具体符号包括:可燃固体(CB)、自热固体(SH)、遇湿放出易燃气体的固体(WF)、遇湿放出有毒气体的固体(WT)、有毒固体(TX)、腐蚀性固体(CR)、其他危害(OH)。

3.分类

(1)可燃固体[MHB(CB)]:散装运输时易燃或易点燃,但不符合4.1类标准。

(2)自热固体(MHB(SH)):散装运输时自热,但不符合4.2类标准。

(3)遇湿放出易燃气体的固体(MHB(WF)):散装运输时与水接触产生可燃气体,但不符合4.3类标准。

(4)遇湿放出有毒气体的固体(MHB(WT)):散装运输时与水接触产生有毒气体。

(5)有毒固体(MHB(TX)):散装装卸或运输时,吸入或接触皮肤对人体有毒害,但不符合6.1类标准。

(6)腐蚀性固体(MHB(CR)):对皮肤、眼睛、金属有腐蚀性或为呼吸道致敏剂,但不符合第8类标准。

IMSBC 规则基于 SOLAS 公约已经成为国际海事组织的强制性规定,是各缔约国海事主管机关对于散装货物安全运输监管的基础。在货物装卸和航行过程中,要严格按照《国际海运固体散货规则》要求管理货物,注意货物操作的规范性,特别是有关货物残余的排放和具有危险性货物的积载和隔离,避免因操作不当引起船货危险。如舱室发生火灾,使用固定灭火系统(二氧化碳)控制扑救,也可以采用水灭火(除忌水货物外)。

四、其他涉及危险货物消防的公约及规范

除了《国际海上危险货物运输规则》(IMDG 规则)、《国际海事危险货物应急措施规则》(EMS 规则)及《国际海运固体散装货物规则》(IMSBC 规则)之外,涉及危险货物消防的国际公约及国内制定的规范和指南还有:

1.《国际散装运输危险化学品船舶构造和设备规则》(IBC 规则)。
2.《国际散装运输液化气体船舶构造和设备规则》(IGC 规则)。
3.《危险货物中型散装容器检验指南》(2023)。
4.《危险货物包装大宗包装检验指南》。
5.《国内航行集装箱船载运包装危险货物消防和积载指南》(2022)。
6.《集装箱船增强消防安全指南》(2021)。

第三节 船舶消防设备的维护与检查

依照 STCW 公约第 A-Ⅵ/3 节的要求,船员具备检查和保养烟火探测和灭火系统及设备的能力,定期对船舶消防设备与设施进行检查保养,使它们处于随时可用状态。消防系统和设备的检查与保养,可参考 IMO 海安会通函 MSC.1/Circ.1432"经修订的消防

系统和设备的维护和检查指南"。该指南适用于所有船舶,并就消防系统和设备的维护与检查提供了最低建议标准。该指南不涉及固定式二氧化碳系统或便携式灭火器的维护与检查。对于固定式二氧化碳系统,可参考《固定式二氧化碳灭火系统维护与检查指南》(MSC.1/Circ.1318/Rev.1)中提供的全面说明;对于便携式灭火器,可参考《船用便携式灭火器改进指南》(决议 A.951(23))。

一、固定火灾探测和报警系统

1.每周的检查和测试

验证所有的火灾探测和火灾报警控制面板操作指标灯/测试指示开关的功能。

2.月度的测试和检查

对探测器和手动火灾报警按钮进行抽样测试,以确保在 5 年内对所有此类装置都进行过测试。对于规模非常大的系统,抽样数量应由主管机关确定。

3.年度的测试和检查

视情况对所有火灾探测系统以及用于自动释放灭火系统的火灾探测系统进行测试,以确保其正常运行;对所有可触及的探测器进行外观检查,查看是否有被擅自改动、受到阻挡等迹象,从而确保在 1 年内对所有探测器都进行过检查;测试应急电源的切换功能。

二、消防水灭火系统

1.每月的测试和检查

核查所有的消火栓,软管和水枪的位置、布置妥当,并处于可用状态;操作所有消防泵,确认系统的压力足够;确认应急消防泵燃料供应充足,加热系统状况良好(如适用)。

2.季度的测试和检查

确认国际通岸接头处于可用状态,包括螺杆、螺母、垫片及垫圈。

3.每年度的测试和检查

目视检查所有可触及的部件,确保其处于良好状态;对所有消防泵进行流量测试,检查压力和排量是否正常。在隔离阀关闭的情况下测试应急消防泵;测试所有消火栓阀门,确保其操作正常;以消防总管的最大压力对部分消防水带进行压力测试,确保所有消防水带在 5 年内都经过测试;若配备了消防泵安全阀,需验证其设定是否正确;检查所有过滤器/滤网,确保其无碎屑和污染物;确保水枪的尺寸/类型正确,且得到妥善维护,能正常工作。

三、固定气体灭火系统

1.每周的测试和检查

通过操作指示灯/指示器测试开关,验证所有固定式灭火系统控制面板上的指示灯均能正常工作;核查所有控制/分区阀处于正确的位置。

2.月度的测试和检查

检验容器/瓶体配备的压力表读数在适当的范围内,且无泄漏。

3.年度的测试和检查

检查所有易接近的部件,确认处于可用的状态;外部检查所有高压容器,检查有无损坏或腐蚀;检查所有的储存容器水压试验日期;测试所有固定系统的声光警报功能;验证所有控制/分区阀处于正确的位置;检查所有启动释放管系与管道连接的气密性;按照制造商的说明检查所有软管;测试连接到消防系统的所有燃料关闭控制装置的正常运作;检查受保护的空间的边界,确认密闭区域内没有因修改而造成不能封闭的、可能导致系统失效的开口;如果容器钢瓶安放在受保护的区间,检查在受保护的区域内两条释放管线的完整性,并检查释放间低压或电路的完整性监测(如适用)。

4.每2年一次的测试和检查

所有的高压灭火剂气瓶和启动气瓶应称重或通过其他可靠的方法确认每个瓶内有效灭火剂的质量超过正常储量的95%。灭火剂存量小于95%的钢瓶需要充装;用干燥的压缩空气或氮气吹通排放管道,或者通过其他方式确认管道系统和喷嘴无任何堵塞物。如有必要,可能需要拆卸喷嘴。

5.每5年一次的测试和检查

对所有控制阀进行内部检查。

6.每10年一次的测试和检查

对10%的灭火系统的灭火剂和启动气体的钢瓶进行水压试验和内部检查。如果一个或多个瓶体不合格,船上至少50%的钢瓶都应该检测。如果还有钢瓶不合格,所有气瓶都要进行检测;软管应按照制造商建议的间隔进行更换,但最长不超过10年;经主管当局批准,对哈龙瓶体,可以用外观检查和无损检测(NDT)代替水压试验。

四、固定二氧化碳灭火系统

1.月度的测试和检查

至少每隔30天应对整个系统状况进行总体外观检查,看是否有明显的破损迹象,这应包括验证:所有截流阀处于关闭位置;所有释放控制装置处于适当位置并随时可供立即使用;所有排放管和气动管完整且未损坏;所有高压气瓶到位并适当系固;报警设备到位且未见损坏。

另外,低压系统的检验应验证:压力表的读数在正常范围;液位指示器的读数在适当液位;手动操作的储存柜主服务阀系固于开启位置;蒸汽供给管路阀系固于开启位置。

2.每年度的测试和检查

应按照系统制造商的说明和安全措施进行至少下列维护保养和检验:受保护处所的边界应进行目视检查,确认未对围壁进行产生不可关闭开口的改装并使系统失效;所有储存容器应进行目视检查,看是否有破损、生锈或安装的硬件松动的迹象。泄漏、腐蚀或凹进或凸起的气瓶应重新进行液压试验或更换;系统管路应进行目视检查,以核查是否有破损、支架松动和腐蚀。应检查喷嘴以确保其未因备件的储存或新建结构或新装机器而堵住；应检查总管以验证所有挠性排放管和附件适当紧固；所有受保护处所的入口门应适当关闭并应有警告标志指出该处所受到固定式二氧化碳系统的保护，如果发出警报，人员应立即撤离。对于所有遥控释放装置应核查其所服务处所的操作须知和显示。

3.建议的最低程度维护保养

（1）客船至少每2年(间隔2年±3月)，货船在每次中间、定期或换证检验时应进行下列维护保养：

①所有高压气瓶和引导气瓶应称重或通过其他可靠的方法验证其含量以确认其各自现有的充装量为额定充装的90%以上。充装量小于额定充装90%的气瓶应重新充装。应核查低压储存舱柜的液位以验证具有要求的二氧化碳量来防止最大危险。

②应核查所有储存容器的液压试验日期。高压气瓶应按不超过10年的间隔进行定期试验。在10年期检查中，总数的至少10%应进行一次内部检查和液压试验。如果一个或多个气瓶不合格，船上气瓶的50%应进行测试。如果还有气瓶不合格，所有气瓶应进行测试。在20周年之前，应完成对所有气瓶的液压试验；之后的每10周年，应对所有气瓶进行液压试验。应在制造商建议的间隔内且不超过10年更换挠性管；在拆除气瓶进行试验时，应更换气瓶以使灭火剂的数量继续满足FSS规则第5章2.2.1的要求，并符合SOLAS公约第Ⅱ-2/14.2的要求。

③排放管和喷嘴应进行测试以验证其未堵塞。试验方式应是将排放管与系统隔离并使干空气或氮气从试验瓶或适当的装置流经管路。

（2）客船至少每2年(间隔2年±3月)，货船在每次换证检验时应由经培训符合主管机关接受的标准的服务技术人员/专家进行下列维护保养：

①如可能，所有启动头应从气瓶阀移开并通过在引导管线中施加全工作压力来测试是否正确运作。如不可能，引导管线应与气瓶阀断开并封死或连接在一起，以全工作压力从释放站进行测试并检查是否有泄漏。在这两种情况中，如果安装了释放站，应从一个或多个释放站进行。如果由手拖电缆进行遥控释放，应检查电缆以验证电缆和角轮保持良好状态并能自由移动，且不要求过多的移动来启动系统。

②所有电缆组件应予清洁并在必要时进行调整，且电缆接头应适当紧固。如果遥控释放由气压操作，应检查管路是否有泄漏，并应验证遥控释放站的引导气瓶充装适当。所有控制和报警装置应正常运作，且延时(如有)应按要求的时段防止排放气体。

③工作完成后，系统应恢复使用。应验证所有释放控制装置处于适当位置并与正确的控制阀连接。所有压力开关联锁装置应复位并恢复使用。所有截止阀应处于关闭位置。

4.年度的维护和检查

每5年对所有控制阀进行内部维护和检查。

五、细水雾、水雾和自动喷水灭火系统

1.每周的检查和测试

验证控制面板指示和报警功能；检查泵组及配件；检查泵组阀的位置，确认阀没有

锁定(如适用)。

2.月度的测试和检查

验证所有的控制阀,泵和部分阀门处于正确的开启或关闭的位置;喷水器压力柜或其他储水容器的存水处在正常的水平;测试所有系统泵的自动起动装置满足设计要求;验证所有备用压力和空气/气体压力表读数在适当的压力范围;抽样测试选定的分区阀门畅通性和报警的正常启动。(注:选择测试阀应确保所有阀门在1年内都得到测试。)

3.每年度的测试和检查

通过操作每一分区的测试阀,核实所有细水雾、水雾和自动喷水灭火系统的操作性能;检查所有易接近的部件的适用性;外部检查所有高压容器,检查有无损坏或腐蚀;核查所有的储存容器水压试验日期;所有固定系统的声光警报功能测试;测试所有泵,检测管路的压力和流量适当;检测防冻系统,确保防冻保护有效性;测试所有系统与其他供水管线连接的操作正常;检查所有泵的溢流阀设置的正确性(如适用);检查所有过滤器/滤网,确认他们没有被杂物阻塞和污染;验证所有控制/分区阀处于正确的位置;用干燥的压缩空气或氮气吹通排放管道,除非能确认管道和高倍数泡沫灭火系统的喷嘴使用无障碍、无杂物阻塞和污染。如有必要可卸掉喷嘴;应急电源切换试验(如适用)。检查设置在敏感区域(如桑拿、水疗、厨房区)所有喷头,注意喷头可能受到的物理性损伤(如行李处理区、健身房、游戏室等),要求1年内所有喷头都要检查一遍,包括油漆在内有明显外部损坏的喷头应予以更换;检查可能对系统有影响的任何改变,如通风管道、管道的阻塞等;对每个细水雾灭火系统最少一个分区的喷嘴进行放水试验。测试的选择应使所有部分在5年内都测试一遍。

4.每5年一次的测试和检查

用水冲洗所有滚装船甲板的喷淋系统管道,然后排水并用空气吹扫;所有控制/分区阀的内部检查,如果在过去5年内未按照规定进行过测试,则应在所有相应的管道区段进行水质检测;检查电池状况,或按照制造商的建议进行更换;对于排水或冲洗后重新注水的每个区段,水质应符合制造商的标准。应对新注入的水进行水质检测,并将检测结果记录下来作为新的基准参考数据,以便为今后各相应区段的水质监测提供依据。

5.每10年一次的测试和检查

根据船旗国主管机关的指导方针,对储气和储水的压力容器进行水压试验和内部检查;若不存在此类指导方针,则依据欧洲标准EN 1968:2002+A1进行操作。

六、泡沫灭火系统

1.每季度测试和检查

泡沫系统储藏柜存有适量的浓缩泡沫液。

2.每年度的测试和检查

检查所有易接近部件,确认处于可用状态;所有固定系统声音报警功能测试;所有供水畅通实验和泡沫泵的压力和容量测试,确认每一区段的管路的压力都能达到要求(确保所有管道在使用后都能用淡水彻底冲洗);测试所有系统与其他供水管线连接的操作正常；检查所有泵的溢流阀设置的正确性（如适用）；检查所有过滤器，确认它们没有被杂物阻塞和污染；检查所有控制/分区阀处于正确的位置；用干燥的压缩空气或氮气吹通排放管道，或以其他方式确认管道和高倍数泡沫灭火系统的喷嘴使用无障碍、无杂物阻塞和污染。如可能，可卸掉喷嘴；对所有泡沫浓缩液进行抽样检查。低倍泡沫浓缩液应按照海安会通函 MSC.1/Circ.1312 进行定期试验，而高倍泡沫浓缩液按照海安会通函 MSC/Circ.670 进行定期试验（注意：除了非酒精性泡沫，其他类型的泡沫需要被供应到船上 3 年后在开始进行第一次检测）；测试连接到消防系统的所有燃料关闭控制装置的正常运作。

3.每 5 年一次的测试和检查

对所有控制阀进行内部检查；所有高倍数泡沫系统管道的淡水冲洗，排水和空气吹除；检查所有的喷嘴，确认没有杂物阻塞；检测所有的泡沫比例调节器或其他泡沫混合装置，确认混合率偏差在认可的系统正常公差的-10%～30%。

七、固定干粉系统

1.月度的测试和检查

确认控制分区阀处于正常的开闭状态，所有压力表的读数在正常的范围内。

2.年度的测试和检查

检查所有易接近的部件的可靠性；确认压力调节器运行正常，并在校准期限内；确定按照系统制造商的说明用氮气搅拌干粉。（注：由于干粉体对水汽的亲和性，用于搅拌的氮气必须不含水分。）

3.每 2 年一次的测试和检查

用氮气吹通排放管道，能确认管道和灭火系统的喷嘴使用无障碍、无杂物阻塞；控制阀和分区阀的本地和遥控操作试验；检查推进气体钢瓶容量（包括远程操作站）；抽样检测干粉的水分含量；按照工作压力对干粉容器、安全阀和排放软管进行的压力试验。

4.每 10 年一次的测试和检查

由认可的服务机构对所有的干粉容器进行水压试验或无损检测。

八、消防员装备、呼吸器、低位照明等

1.每周的测试和检查

检查所有的呼吸器及 EEBD 钢瓶的气压指示确认是否在正确的压力范围。通过关闭选定位置的正常照明，验证低位照明系统功能。

2.月度的测试和检查

消防员装备（包括清单）的存储情况，确认装备处于可用的状态。

3.年度的测试和检查

检查呼吸气瓶充气系统（如适用，包括检查空气质量）；检查呼吸器面罩和供气阀门处于适用状态；按照制造商的说明检查紧急逃生呼吸装置（EEBD）。

4.每5年一次的测试和检查

对所有自给式呼吸器气钢瓶应进行水压试验。铝和复合材料气瓶的检测应达到主管机关的要求。按照 IMO 第 A.752(18)决议的程序测试所有照明系统的亮度。

九、手提式、便携式灭火器等

1.月度的测试和检查

确认所有的手提灭火器各就其位、布置合理、处于可用的状态。确认所有的便携式泡沫枪各就其位、布置合理、处于可用的状态。

2.年度的测试和检查

(1)手提式、推车式灭火器:按照制造商的说明进行定期检查;检查所有易于接近的部件的适用性;检查每个气瓶水压试验日期;倒转干粉灭火器以确保干粉的搅拌。

(2)便携式泡沫枪:检查所有便携式泡沫枪的浓缩的泡沫液按正确的比例供给,设备应处在可用状态;核查所有含有的浓缩泡沫液的便携式容器或便携式罐体保有的制造厂密封,确认不超过制造商推荐的使用寿命间隔;装有非蛋白基泡沫浓缩液、出厂未满 10 年且仍保持原厂密封的便携式容器或便携式罐体,通常无须按照 MSC.1/circ.1312 的要求进行定期泡沫质量检测,可予以认可;盛载蛋白质基的浓缩泡沫便携式容器和便携式罐体应彻底检查,如果超过 5 年,泡沫液应按照海安会通函(MSC.1/circ.1312)进行定期试验或换新;任何非密封的泡沫浓缩液的便携式容器和便携式罐体,且便携式容器和便携式罐体的生产数据没有记录的,则应按照海安会通函(MSC.1/circ.1312)进行定期试验。

3.每5年一次的测试和检查

推车式灭火器:在同年制造和装配船上的灭火器中,每个类型至少抽查 1 个。

4.每10年一次的测试和检查

推车式灭火器:由受过专门训练的人员按照认可的标准或制造商的说明对所有灭火器与驱动气瓶应进行水压试验。

十、其他设备

1.每周的测试和检查

(1)防火门:核查所有防火门的控制面板,如适用,进行操作灯/指示开关的功能试验。

(2)公共广播和通用报警系统:验证所有的公共广播系统和通用报警系统运作正常。

2.每月的测试和检查

固定的气溶胶灭火系统:确认所有电气连接和/或手动操作台布置正确,并处于适用状态;验证的驱动系统、控制板电路满足制造商的设计要求。

3.季度的测试和检查

对位于主竖区舱壁上的所有防火门进行就地操作测试。

4.年度的测试和检查

（1）通风系统和挡火风闸：测试用于远程操作的所有挡火风闸；确认厨房排气管道和过滤器无油脂积聚；测试所有的通风控制与消防系统的相互连接的运行情况。

（2）防火门：测试所有的远程控制防火门能否正常开启和关闭。

（3）固定式气溶胶灭火系统：确认凝结或分散气溶胶发生器没有超出其强制更换日期。在可行的情况下，应演示气动或电动发生器能正常工作。

（4）厨房和深油烹锅灭火系统：按照制造商的说明检查厨房和深油烹锅灭火系统

十一、船舶防火安全及其设备的常见缺陷

船舶防火安全及其设备的常见缺陷如下：

1.防火安全

（1）防火门不符合要求，四周及底部锈烂，密性不良，把手不全、锈死，自闭器失效或灭失。

（2）油船的透气管、通风筒、烟囱、排烟管等的防火网不完整或缺少。

（3）机舱天窗不是钢质，不能迅速关闭，保证气密。

（4）限界面的防火分隔不符合要求；机舱舱壁防火分隔完整性不满足要求（防火绝缘等级太低、防火分隔不完整、有电缆穿过舱壁等）。

（5）油船的驾驶室和生活舱门或窗不气密。

（6）机舱脱险通道内的防火材料未取得主管机关认可。

（7）厨房液化气钢瓶的存放和管路布置不符合要求。

（8）挡火板、通风筒因锈蚀而开关不灵或挡板脱落，防火网缺失。

（9）通风管道穿越结构防火处未维持应有防火性能。

（10）机舱油柜液位计不符合要求。

（11）机舱存在着火危险，燃油管路严重泄漏；机舱间堆积可燃杂物；主辅机、供油设备表面残油过多，舱底污油水或积油严重。

（12）氧气和乙炔气瓶存放同一处所，氧气瓶存放间与乙炔瓶存放间之间舱壁存在缝隙。

（13）船上未设置专用油漆间，物料间堆积有油漆桶。

2.惰性气体系统

（1）鼓风机故障。

（2）自测装置故障。

（3）声光报警装置失效。

（4）无操作说明。

（5）系统不能投入使用。

3.火灾报警

（1）报警装置没有正确接入应急电源或没有应急电源。

（2）报警装置声光报警失效；梯道内未安装感烟探头；手动报警按钮不工作等。

(3)部分探头损坏而不能正常工作或备品不足。

(4)没有使用操作说明;未张贴火警警报系统操作规程。

(5)自测功能不能操作。

4.消防设备的随时可用性

(1)应急消防泵在 2 min 内不能启动;消防泵出水压力过低。

(2)防火安全操作手册船员不能方便获得,设备指导与船上实际设备不符。

(3)灭火设备不能保持即刻使用,如消火栓手轮丢失,消防皮龙箱破损或上锁等。

5.固定二氧化碳灭火系统

(1)未按检验规则要求设置二氧化碳灭火系统,未按二氧化碳灭火系统系统布置图要求设置分管系。

(2)瓶头阀启动管系与施放阀启动控制装置未独立设置。

(3)施放前自动声响报警故障,声响报警装置未能达到自动报警的功能。

(4)船上未持有提供货舱二氧化碳灭火系统免除证书。

(5)灭火剂量不足,存在空瓶;未设置二氧化碳灭火系统钢瓶、瓶头阀泄漏管系;

(6)总管(或分配箱上)未装量程为 0~24.5 MPa 的压力表、吹洗管接头;连接处松动、漏气。

(7)遥控释放启动气瓶压力不足。

(8)瓶头阀安装保险销未拆除。

(9)称重报告、管系吹通、气密试验报告过期,或未进行相应的检测。

(10)操作说明错误、不完整。

(11)未经船检机构进行产品检验,使用非船检机构认可的产品,使用老旧钢瓶和旧管系拼装二氧化碳灭火系统。

(12)系统的操作须知牌模糊不清,通向被保护处所的管路没有清楚地标明。

(13)舱室内通风不良、照明不足,无与驾驶室的通信设施。

6.固定式甲板泡沫系统

(1)设置固定式甲板泡沫系统未按技术规则要求。

(2)泡沫灭火剂贮存剂量未能满足船舶检验证书中标明的需要剂量。

(3)泡沫灭火剂过期,超过中间检测日期。

(4)未在面向液货舱甲板的起居处所前端的左右侧各设置用于连接泡沫枪软管的接头。

(5)在泡沫总管上紧接每一泡沫炮之前未设置隔离阀,未在艉楼前端有保护的位置上设置消防总管隔离阀,未在货物区的消防总管上设置间距不超过 40 m 的隔离阀。

(6)比例混合器与外围管系连接错误,比例混合器调节杆、管系阀锈死。

(7)管系内残留泡沫液。

(8)未在泡沫间展示固定式甲板泡沫系统系统示意图和操作说明,张贴的固定式甲板泡沫系统的操作说明与实际布置不一致。

7.水灭火系统

(1)固定式应急消防泵灭火系统不符合公约要求;应急消防泵驱动电动机仅能由主

电源供电;无法启动、启动困难;吸不上水;应急消防泵原动机不能正常工作;应急消防泵水压力不足,不能达到要求的 12 m 射程。

(2)消防泵泵体开裂、裂纹,盘根漏水严重;消防泵出水压力不足。

(3)未按检验规则要求设置隔离阀,隔离阀不正确。

(4)消防管锈蚀严重,局部洞穿,或仅做临时性包扎处理。

(5)消防水枪为非水雾/水柱两用型;消防水带为非船检认可产品,消防水带局部破损、接头处漏水。

(6)消防水带接头与消火栓接口不匹配,消火栓损坏。

(7)未配备国际通岸接头,配件不全。

8.液化气炉灶

(1)贯穿起居处所的厨房炉灶排气管上未设置集油器、下端未设置挡火闸。

(2)未设置用于对贯穿起居处所的厨房炉灶排气管灭火的固定灭火装置。

(3)液化气炉灶的输气软管老化,装设的液化气瓶炉灶无火焰熄灭自动关闭装置。

(4)液化气瓶存放在厨房间内。

(5)未装设用于紧固并能快速脱开的液化气瓶装置。

9.消防员装备和紧急逃生呼吸装置

(1)消防员装备的配备数量不足。

(2)呼吸器压力不足;低压报警失效。

(3)两套消防员装备没有按要求远离存放;存放地点不易到达。

(4)防火衣为非认可形式,不具备防火隔热性能;灯不是安全型的。

(5)没有 200%的备用气瓶,备用气瓶中没有充气;没有训练用瓶。

(6)EEBD 气瓶压力过低;配备数量不足;未存放在防火控制图所指定的位置。

(7)船上未配备用于训练的紧急逃生呼吸装置。

10.脱险通道

(1)未用钢质围壁对机舱脱险通道做连续的防火遮蔽,未按检验规则要求用绝缘材料对机舱脱险通道围壁做 A-60 级耐火分隔处理;未设置应急照明、应急照明故障。

(2)机舱脱险通道:未延伸至机舱最低层;与主、辅机排气管共用通道;出口盖未能从内部开启。

(3)机舱脱险通道:环围内部(出口处围板)尺寸未按检验规则要求;钢梯固定点背面钢质围壁未做隔热处理。

(4)起居处所只有一条脱险通道,且内走廊至脱险通道门口长度超过 7 m;梯道上未设扶手,梯道环围上留有缝隙(孔)。

11.通风、防火挡板、控制手段

(1)通风筒、防火挡板失效(如锈蚀、卡死、不活络、不能关闭等);"开""关"未标识。

(2)烟囱端壁破损漏光。

(3)天窗无法关闭紧密。

(4)机舱烟囱围壁上百叶窗开口处未设关闭装置,烟囱围壁上百叶窗盖板关闭后,未能达到适当气密,百叶窗关闭设置未能在烟囱围壁外操作。

(5)通风筒的筒体锈蚀严重,锈穿。

(6)防火挡板无法关闭紧。

12.高压油管的套管保护系统

(1)管道故障泄漏。

(2)主辅机高压油管护套装置不满足要求(没有提供护套、护套破损、未安装泻油报警装置、泻油管使用橡胶管等)。

(3)漏油报警信号未延伸至机舱集控站(驾驶室、轮机员处所)。

(4)主机(柴油机)高压燃油管漏油报警装置故障;漏油集合管系被拆除(缺失)。

(5)柴油机高压燃油管防护外壳被拆除(缺失)。

13.防火控制图

(1)防火控制图中消防设备的位置、数量与当时船舶的实际情况不符。

(2)防火控制图中的识别符号不符合标准;内容褪色,无法看清楚。

(3)甲板室外存放防火控制图的盒子保养不善,没有做到风雨密。

14.灭火器

(1)手提式灭火器为非船检机构认可的船用产品。

(2)未配备备用手提式灭火器;未按要求的处所配备相应的型式灭火器。

(3)灭火器喷管老化、龟裂,筒体(把手)锈蚀严重。

(4)未配备便携式泡沫枪装置的备用泡沫液(20 L);灭火剂过期、失效。

(5)燃油锅炉间、机舱间未配备手提式泡沫枪装置。

(6)燃油锅炉间(平台)未配备135 L的大型推车式灭火器。

(7)未按要求对灭火器进行认可的维护保养。

15.机舱风(油)切断装置、速闭阀

(1)风(油)切断装置故障。

(2)油泵未接入风油切断控制系统,未在机舱间出入门外附近设置机舱风(油)切断控制按钮,仅设置在机舱间内。

(3)控制按钮保护盖子缺失;无"风油切断"字样的标识。

(4)油柜速闭阀故障;驱动空气瓶无压力;控制箱内控制阀无油舱对应的标识。

(5)速闭阀控制箱压缩空气驱动管系漏气。

16.油位计

(1)油位计使用圆柱形玻璃油位计替代。

(2)平板玻璃油位计旋塞为非自闭阀;被油黏附,无法看清油位;连接接头处漏油。

(3)油舱(柜)使用塑料管替代油位计。

附录 1

专业培训合格证书知识更新培训大纲

培训内容	培训方式	学时
1 基本安全培训合格证(Z01)		
1.1 个人求生技能		
1.1.1 游泳动作要领、注意事项	现场讲解	
1.1.2 穿戴救生衣游泳	实操演练	1
1.1.3 在没穿救生衣的情况下保持浮起状态		
1.1.4 跳水动作要领、注意事项	现场讲解	
1.1.5 从某一高度上安全跳入水中	实操演练	1
1.1.6 登筏动作要领、注意事项	现场讲解	
1.1.7 穿戴救生衣从船上和水中登上救生筏	实操演练	1
1.1.8 登筏后的行动和设备操作要领	现场讲解	
1.1.9 登上救生筏时采取初步行动		
1.1.10 抛放救生筏浮锚或海锚	实操演练	1
1.1.11 操作救生筏设备		
总学时	4	
1.2 防火与灭火		
1.2.1 灭火动作要领、注意事项	现场讲解	
1.2.2 扑灭小火,如电火、油火、丙烷火	实操演练	
1.2.3 用水扑灭较大火灾(喷射和散射喷枪)	实操演练	1
1.2.4 使用泡沫、干粉、其他合适的化学灭火剂灭火	实操演练	
1.2.5 进入高膨胀泡沫和有烟气舱室的注意事项	现场讲解	
1.2.6 使用救生索但不戴呼吸器进入或通过已喷了高膨胀泡沫的舱室	实操演练	1
1.2.7 戴自给式呼吸装置在有烟气的围蔽处所内灭火	实操演练	

续表

培训内容	培训方式	学时
1.2.8 机舱灭火注意事项	现场讲解	
1.2.9 使用水雾或其他任何适用灭火剂在起火和冒出浓烟的住舱或模拟的机舱中灭火	实操演练	1
1.2.10 使用喷雾器和喷淋式喷嘴、化学干粉或泡沫装置扑灭油火	实操演练	
1.2.11 从火场中实施救助注意事项	现场讲解	1
1.2.12 戴呼吸装置在有烟气的处所中实施救助	实操演练	
总学时		4
2 精通救生艇筏和救助艇培训合格证(Z02)		
2.1 释放救生筏、操作救生筏设备动作要领	现场讲解	2
2.2 准备并安全降放救生筏并迅速驶离船舷	实操演练	
2.3 使用救生筏的各项设备,包括烟火设备	实操演练	
2.4 扶正翻倒的救生筏动作要领、注意事项	现场讲解	2
2.5 穿着救生衣扶正翻倒的救生筏	实操演练	
总学时		4
3 精通快速救助艇培训合格证(Z03)		
3.1 快速救助艇的构造、保养、维修、设备操作方法、人员营救注意事项	现场讲解	1
3.2 安全释放和回收快速救助艇	实操演练	1
3.3 操作快速救助艇		
3.4 扶正翻倒的快速救助艇	实操演练	1
3.5 配戴特殊设备游泳	实操演练	1
3.6 从水中营救伤员及把伤员送上安全地点		
总学时		4
4 高级消防培训合格证(Z04)		
4.1 使用水进行消防、对船舶稳性的影响、注意事项和矫正程序	课堂讲解	1
4.2 涉及危险货物的消防	课堂讲解	1
4.3 探火系统,固定灭火系统,手提和移动灭火设备,包括器具、泵和救助、打捞、维系生命、人员保护和通信设备	实操演练	2

课程涉及主要相关公约规则修正情况
（截至 2024 年 10 月 8 日）

一、SOLAS 公约

SOLAS 公约生效以来修正案太多,这里仅列出 2015 年以后生效的修正案。

International Convention for the Safety of Life at Sea, 1974 (SOLAS 1974)

修正情况	生效日期
2013 amendments [MSC. 350(92)] chapters Ⅲ, Ⅴ and Ⅺ-1 (RO Code [MSC.349(92)]	1 January 2015
2014 amendments [MSC. 365(93)] (chapters Ⅱ-1 and Ⅱ-2)	1 January 2016
2014 amendments [MSC. 366(93)] (addition of a new chapter ⅩⅢ)	1 January 2016
2014 amendments [MSC. 380(94)] (Chapters Ⅱ-2, Ⅵ and Ⅺ-1 and appendix)	1 July 2016
2014 amendments [MSC.386(94)] (new chapter ⅩⅣ) to make use of the safety-related provisions of the Polar Code mandatory	1 January 2017
2015 amendments [MSC.392(95)] (Chapters Ⅱ-1, Ⅱ-2 and Appendix)	1 January 2017
2016 amendments [MSC.404(96)] (Chapters Ⅱ-2 and Ⅲ)	1 January 2020
2016 amendments [MSC.409(97)] (Chapters Ⅱ-1, Ⅱ-2 and Ⅺ-1)	1 January 2020

修正情况	生效日期
2017 amendments［MSC.421(98)］ （chapters Ⅰ-1, Ⅰ1-2 and Ⅲ and the appendix to the annex）	1 January 2020
2018 amendments［MSC.436(99)］ （Chapters Ⅱ-1, Ⅳ and appendix）	1 January 2020
2019 amendments［MSC.456(101)］ （Appendix-Certificates)）	1 January 2024
2020 amendments［MSC.474(102)］ （Chapter Ⅰ1-1）	1 January 2024
2021 amendments［MSC.482(103)］ （Chapters Ⅱ-1 and Ⅲ）	1 January 2024
2022 amendments［MSC.496(105)］ Chapters Ⅱ-1, Ⅲ, Ⅳ and Ⅴ, and the appendix（Certificates）	1 January 2024
2022 amendments［MSC.520(106)］（Chapter 11-2）	1 January 2026
2022 amendments［MSC.521(106)］ （Addition of a new Chapter ⅩⅤ - Safety measures for ships carrying industrial personnel）	1 July 2024
2023 amendments［MSC.532(107)］ （Chapters Ⅱ-1, Ⅱ-2, Ⅴ and ⅩⅣ and the appendix（Certificates)）	1 January 2026
2024 amendments［MSC.549(108)］ （Chapters Ⅰ1-1）	1 January 2026
2024 amendments［MSC.550(108)］ （Chapters Ⅱ-2 and Ⅴ）	1 January 2026

二、STCW 公约修正情况

International Convention on Standards of Training, Certification and Watchkeeping for Seafarers, 1978（STCW 1978）

Entry into force：	28 April 1984
1991 amendments（GMDSS and trials）［MSC.21（59）］	1 December 1992
1994 amendments［MSC.33（63）］ （special training requirements for personnel on tankers）	1 January 1996
1995 amendments（Conference resolution 1） （revised Annex to Convention（STCW Code）］	1 February 1997
1997 amendments［MSC.66（68）］ （training and qualification requirements for personnel on passenger ships）	1 January 1999
2006 amendments［MSC.203（81）］	1 January 2008
2010 Manila amendments to the STCW Convention and Code（adopted by a Conference of Contracting Parties to the STCW 78 Convention）	1 January 2012
2014 amendments［MSC.373（93）］	1 January 2016
2015 amendments［MSC.396（95）］	1 January 2017
2016 amendments［MSC.416（97）］	1 July 2018
2021 amendments［MSC.486（103）］	1 January 2023
2023 amendments［MSC.540（107）］	1 January 2025

Code adopted by STCW Conference：Seafarers' Training, Certification and Watchkeeping（STCW）Code（Conference resolution 2）

Part A –（Mandatory standards）effective as from：1997 amendments（MSC.67（68））（training and qualification requirements for personnel on passenger ships）	1 February 1997 January 1999
1998 amendments［MSC.78（70）］（cargo handling and stowage at the operational and management level）	1 January 2003
2004 amendments［MSC.156（78）］	1 July 2006
2004 amendments［MSC.180（79）］	1 July 2006
2006 amendments［MSC.209（81）］	1 January 2008
2014 amendments［MSC.374（93）］	1 January 2016
2015 amendments［MSC.397（95）］	1 January 2017
2016 amendments［MSC.417（97）］	1 July 2018
2021 amendments［MSC.487（103）］	1 January 2023

Part A – (Mandatory standards) effective as from: 1997 amendments (MSC.67(68)) (training and qualification requirements for personnel on passenger ships)	1 February 1997 January 1999
2023 amendments〔MSC.541(107)〕	1 January 2025
2024 amendments〔MSC.560(108)〕	1 January 2026

三、国际救生设备额规则

International Life-Saving Appliances (LSA) Code (MSC.48(66))

Effective as from:	1 July 1998
2006 amendments〔MSC.207(81)〕	1 July 2010
2006 amendments〔MSC.218(82)〕	1 July 2008
2008 amendments〔MSC.272(85)〕	1 July 2010
2010 amendments〔MSC.293(87)〕	1 January 2012
2011 amendment〔MSC.320(89)〕	1 January 2013
2014 amendments〔MSC.368(93)〕	1 January 2016
2017 amendments〔MSC.425(98)〕	1 January 2020
2019 amendments〔MSC.459(101)〕	1 January 2024
2021 amendments〔MSC.485(103)〕	1 January 2024
2023 amendments〔MSC.535(107)〕	1 January 2026
2024 amendments〔MSC.554(108)〕	1 January 2026

四、国际消防系统规则

International Code for Fire Safety Systems (FSS Code)〔MSC.98(73)〕

Effective as from:	1 July 2002
2006 amendments〔MSC.206(81)〕	1 July 2010
2006 amendments〔MSC.217(82)〕: chapters 4, 6, 7 and 9 (set out in Annex 1 to the resolution) chapter 9 (set out in Annex 2 to the resolution)	1 July 20081 July 2010
2010 amendments〔MSC.292(87)〕	1 July 2011
2010 amendments〔MSC.311(88)〕	1 July 2012

2012 amendments［MSC.327(90)］	1 January 2014
2012 amendments［MSC.339(91)］	1 July 2014
2014 amendments［MSC.367(93)］	1 January 2016
2016 amendments［MSC.403(96)］	1 January 2020
2016 amendments［MSC.410(97)］	1 January 2020
2019 amendments［MSC.457(101)］	1 January 2024
2021 amendments［MSC.484(103)］	1 January 2024
2024 amendments［MSC.555(108)］	1 January 2026

参考文献

[1] 中国海事服务中心.基本安全:个人求生[M].大连:大连海事大学出版社,2023.

[2] 中国海事服务中心.基本安全:防火与灭火[M].大连:大连海事大学出版社,2023.

[3] 中国海事服务中心.救生艇筏和救助艇操作与管理[M].大连:大连海事大学出版社,2022.

[4] 中国海事服务中心.快速救助艇操作与管理[M].大连:大连海事大学出版社,2023.

[5] 中国海事服务中心.船舶高级消防[M].大连:大连海事大学出版社,2022.

[6] 杜林海,乔志,陈永盛.船舶消防[M].大连:大连海事大学出版社,2024.

[7] 金奎光,孙健,贾京凯.基本安全:个人求生[M].大连:大连海事大学出版社,2022.

[8] 戴树龙,王海洋,李博.基本安全:防火与灭火[M].大连:大连海事大学出版社,2022.

[9] 戚发勇,李明阳,代俊林.船员合格证培训实操指南[M].大连:大连海事大学出版社,2021.

[10] 中国红十字会总会训练中心.创伤救护实操技术手册(上)[M].北京:人民卫生出版社,2019.

[11] 戚发勇,倪成丽,王玮祺.海上设施工作人员海上交通安全技能:海上交通基本安全[M].大连:大连海事大学出版社,2022.

[12] 中华人民共和国交通运输部国际合作司,大连海事大学.国际海事条约汇编(综合文本):第三卷 1978 年海员培训、发证和值班标准国际公约[M].大连:大连海事大学出版社,2024.

[13] 中华人民共和国交通运输部国际合作司,大连海事大学. 国际海事条约汇编(综合文本):第一卷 国际海上人命安全公约[M].大连:大连海事大学出版社,2024.

[14] 中华人民共和国海事局. 中华人民共和国海事局关于印发《中华人民共和国海船船员培训合格证书签发管理办法》的通知(海船员〔2024〕163 号),2024.

[15] 中华人民共和国海事局.交通运输部海事局关于海船船员适任证书及培训合格证书再有效有关事项的通知(海船员〔2024〕143 号),2024.

[16] IMO. International Convention for the Safety of Life at Sea[Amended by Resolution MSC.456(101)].

[17] IMO. International Convention on Standards of Training, Certification and Watch keeping for Seafarers[Amended by Resolution MSC.478(102)].

[18] IMO. International Life-Saving Appliance Code[Amended by Resolution MSC.425

（98）].

[19] IMO. International Code for Fire Safety Systems ［Amended by Resolution MSC. 410
（97）].

[20] IMO.International Maritime Solid Bulk Cargoes Code-Resolution MSC.268(85).

[21] IMO.MSC.1/Circular.1588/Rev.2-Carriage of Dangerous Goods-International Maritime
Dangerous Goods（IMDG）Code-（24 May 2022）-Revised Emergency Response Pro-
cedures For Ships Carrying Dangerous Goods（EMS Guide）.

[22] IMO. MSC/Circular. 1025 - Carriage of Dangerous Goods International Maritime
Dangerous Goods（IMDG）Code Annexes and Supplements-（17 July 2002）.

[23] IMO.MSC.1/Circular.1516-Amendments to the Revised Guidelines for the Maintenance
and Inspection of Fire Protection Systems and Appliances（MSC.1/Circ.1432）-（8 June
2015）.

[24] ISO.INTERNATIONAL STANDARD：Ships and marine technology-Life saving and fire
protection-Sea anchors for survival craft and rescue boats. ISO 17339：2018.

[25] ISO.INTERNATIONAL STANDARD：Classification of fires. ISO 3941：2007.